COLEÇÃO
TEMAS & EDUCAÇÃO

Surdez & Educação

Maura Corcini Lopes

Surdez & Educação

2ª edição
Revista e ampliada

autêntica

Copyright © 2007 Maura Corcini Lopes

COORDENAÇÃO DA COLEÇÃO TEMAS & EDUCAÇÃO
Alfredo Veiga-Neto

CONSELHO EDITORIAL
Alfredo Veiga-Neto (UFRGS), *Carlos Ernesto Noguera* (Univ. Pedagógica Nacional de Colombia), *Edla Eggert* (UNISINOS), *Jorge Ramos do Ó* (Universidade de Lisboa), *Júlio Groppa Aquino* (USP), *Luís Henrique Sommer* (UNISINOS), *Margareth Rago* (UNICAMP), *Rosa Bueno Fischer* (UFRGS), *Sílvio D. Gallo* (UNICAMP)

PROJETO GRÁFICO DA CAPA
Jairo Alvarenga Peixoto

EDITORAÇÃO ELETRÔNICA
Carolina Rocha

REVISÃO
Lavínia Lobato Valadares

Revisado conforme o Novo Acordo Ortográfico.

Todos os direitos reservados pela Autêntica Editora. Nenhuma parte desta publicação poderá ser reproduzida, seja por meios mecânicos, eletrônicos, seja via cópia xerográfica, sem a autorização prévia da Editora.

AUTÊNTICA EDITORA LTDA.
Rua Aimorés, 981, 8º andar. Funcionários
30140-071 . Belo Horizonte . MG
Tel.: (55 31) 3222 68 19
Televendas: 0800 283 13 22
www.autenticaeditora.com.br

Lopes, Maura Corcini

L864s   Surdez & Educação / Maura Corcini Lopes – 2. ed. rev. ampl. – Belo Horizonte: Autêntica Editora, 2011 .

104 p. – (Temas & Educação, 5)

ISBN 978-85-7526-283-2

1.Educação de surdos. I.Lopes, Maura Corcini. II.Título. III. Série.

CDU 376.33

Sumário

Capítulo I
Rupturas e posições 7
  Um começo 7
  A surdez como diferença primordial e cultural 15
  Estudos Surdos e Educação 23
  NUPPES: produção e militância 31

Capítulo II
***Flashes* da história da educação e da escola de surdos** 39
  Mecanismos disciplinares
  e a engrenagem escolar para os surdos 39
  A recusa às práticas ouvintistas e a resistência surda 50
  A língua de sinais e a escola de surdos 56

Capítulo III
Comunidade, identidade e currículo surdo 71
  Escola de surdos e currículo surdo 83

Capítulo IV
Para saber mais... 91
  Os *sites* 93

Referências 95

A autora 101

CAPÍTULO I

Rupturas e posições

> *Mas, se não ouvir não define fundamentalmente o ser surdo, o que é que está em jogo, então, nesta afirmação?*
>
> (BENVENUTO, 2006, p. 227)

Um começo

A surdez é uma grande invenção. Não estou me referindo aqui à surdez como materialidade inscrita em um corpo, mas à surdez como construção de um olhar sobre aquele que não ouve. Para além da materialidade do corpo, construímos culturalmente a surdez dentro de distintas narrativas associadas e produzidas no interior (mas não fechadas em si mesmas) de campos discursivos distintos – clínicos, linguísticos, religiosos, educacionais, jurídicos, filosóficos etc.

Não há comparações entre narrativas sobre a surdez produzidas a partir de tais campos, pois estas não se propõem a eliminar umas às outras. Todas foram e estão sendo forjadas a partir de nossos conhecimentos e interpretações sobre a materialidade de um corpo ou sobre o que podemos dizer ser a natureza de um corpo. Portanto, todas as interpretações possíveis sobre o que convencionamos chamar de surdez são interpretações sempre culturais. Não há nada do que possamos afirmar sobre a surdez que não esteja alojado dentro de campos de sentidos produzidos culturalmente. Culturalmente produzimos o normal, o diferente, o anormal, o surdo, o deficiente, o desviante, o exótico, o comum, entre outros que poderiam compor uma lista infindável de sujeitos. Sustentando a produção dessa lista, vemos argumentos consistentes que podem ser aceitos ou não, considerados ou não por nós que pensamos as questões relativas à surdez. Qualquer escolha será sempre feita a partir de interpretações e representações que construímos, partindo de um conjunto de justificativas que escolhemos para sustentar nossas formas de entender aquilo que somos e aquilo que o outro é. Toda escolha que fazemos e as justificativas que lhe damos são culturais, mas nem toda interpretação feita sobre a surdez está sustentada em uma teorização de base antropológica.

A ciência, no desejo de produzir conhecimentos capazes de explicar o desconhecido, inventou a surdez através dos níveis de perdas auditivas, das lesões no tímpano, dos fatores hereditários e adquiridos. Decorrentes da ciência e de padrões históricos estabelecidos por diferentes grupos culturais, foram criados distintos modos de se trabalhar com sujeitos acometidos pela surdez. Na clínica, terapias de fala, aparelhos auditivos, técnicas diversas de oralidade foram desenvolvidas com a finalidade da normalização. Na família, a busca por especialistas, a dedicação integral aos filhos com surdez e a inconformidade pela falta de audição, por muitos anos mobilizaram e mobilizam pais e mães. Na igreja, confissões, sentimento de culpa, pecado, tolerância e solidariedade com aquele que sofre são cada vez mais alimentados pelas práticas religiosas. Na justiça, as mobilizações por salário e por direito a ser reconhecido – ora como diferente, ora como deficiente, ora como sujeito de risco e ora como sujeito "normal" – confundem os sujeitos. Na educação – recorte que interessa neste livro –, a surdez como deficiência que marca um corpo determinando sua aprendizagem é inventada através do referente ouvinte, das pedagogias corretivas, da normalização e dos especialistas que fundaram um campo de saber capaz de "dar conta" de todos aqueles que não se enquadram em um perfil idealizado de normalidade.

Durante anos, a surdez ocupou o centro das atenções de *experts* de diferentes campos do saber. Grande parte de tais *experts* era fortemente atravessada por discursos clínicos que se impunham na forma de descrever e classificar a surdez e os seus "portadores". A maioria deles produziu saberes que orientaram grupos a olhar os sujeitos com surdez como capazes de serem "tratados", "corrigidos" e "normalizados" através de terapias, treinamentos orofaciais, protetização, implantes cocleares e outras tecnologias avançadas que buscam, pela ciborguização do corpo, a condição de normalidade.

Distante de querer somar mais uma referência na vasta bibliografia que aborda a surdez como uma deficiência, bem como longe de querer somar mais uma referência sobre metodologias de ensino, proponho olhar a surdez de outro lugar que não o da deficiência, mas o da diferença cultural. Não nego a falta de audição do corpo surdo, porém desloco meu olhar para o que os próprios surdos dizem de si quando articulados e engajados na luta por seus direitos de se verem e de quererem ser vistos como sujeitos surdos, e não como sujeitos com surdez. Tal diferença, embora pareça sutil, marca substancialmente a constituição de uma comunidade específica e a constituição de estudos que foram produzindo e inventando a surdez como um *marcador cultural primordial*.

Assim como o sexo, que aparece marcado no corpo feminino e no corpo masculino, a surdez também marca aquele que a possui, diferenciando os que ouvem daqueles que não ouvem. Sem cair nas oposições entre surdos e ouvintes, quero mostrar que, anterior a qualquer narrativa sobre a surdez, esta aparece como elemento diferenciador capaz de aproximar e mobilizar aqueles que a possuem em prol de causas e lutas comuns.

Romper com a concepção de surdez arraigada à deficiência é um dos objetivos deste livro. Ele se propõe a construir uma outra narrativa sobre os surdos, inspirada nas discussões de base antropológica e culturalista. Sigo a escrita buscando referenciais que me possibilitem narrar os surdos como sujeitos culturais que, por não nascerem territorialmente próximos (Wrigley, 1996), necessitam ser aproximados uns dos outros. Tal aproximação tem se dado, geralmente, nas escolas e, mais recentemente, nas associações de surdos.

Com a compreensão da surdez como um marcador cultural primordial, quero dar as costas para a interpretação clínica à qual comumente damos a palavra; meu interesse é significar a surdez dentro de um outro campo que, embora já bastante divulgado por diferentes produções acadêmicas e pela própria luta surda, ainda é constituído por poucos interessados – a saber, o campo dos Estudos Surdos. Tal campo, formado por especialistas de distintas áreas do saber (sobretudo por especialistas da Educação e da Linguística), está produzindo pesquisas que têm como foco a história dos surdos e da surdez contada a partir de uma perspectiva surda. Trata-se, nesse caso, de uma história que se constitui de forma tensionada e entrelaçada a determinadas épocas e contextos sociais, políticos, econômicos, culturais etc. e que está fortemente marcada por movimentos de resistência surda.

Vale esclarecer aqui, mesmo que minimamente, o que estou entendendo por resistência surda. Não estou afirmando que os surdos se opuseram, ao longo de suas histórias, aos processos de articulação das formas de significação da surdez feitas pelos ouvintes ou pelos próprios surdos. Utilizo resistência no sentido que lhe dá Foucault (1997), ou seja, como um movimento interno à própria "invenção surdez" e ao próprio acontecimento do "tornar-se surdo" – um movimento de suspeita permanente sobre si e sobre as relações que os surdos vivenciam, um movimento de abertura feito dentro da própria invenção "ser surdo" que rompe com fronteiras discursivas, espaciais e temporais. Nas palavras de Vilela (2006, p. 107), "resistir é criar um modo de respiração que rompe o espaço contínuo de um tempo linear". Os surdos, em tensão no grupo e consigo mesmos, são produtos de frutíferas relações de poder, sempre articuladas com as resistências dos próprios sujeitos.

> A resistência ocorre onde existe poder, pois ela é inseparável das relações de poder. A um tempo só, a resistência

funda as relações de poder, sendo, também, o resultado dessas mesmas relações. (VILELA, 2006, p. 117)

Resistir significa viver intensamente a relação com o outro surdo que vive e sente a surdez de outras formas ou de formas semelhantes e que compartilha das mesmas lutas. A negociação de significados para o ser surdo e para a surdez é uma negociação que se dá, portanto, no interior das relações de poder e de resistência.

Com essas pontuações iniciais, objetivo dar o tom para a leitura deste livro, qual seja, seguir na esteira das teorizações culturais e, dentro delas, das teorizações dos Estudos Surdos, compreendendo a surdez como condição primordial na constituição de outros marcadores identitários surdos.

Uma vez já localizado o lugar onde me posiciono para falar da surdez, vale outro esclarecimento: por que surdez e educação? Sou pesquisadora e professora no campo da educação. Tenho divulgado a surdez e os surdos dentro do campo dos Estudos Surdos, além de ter militado e produzido pesquisas em um grupo constituído na Universidade Federal do Rio Grande do Sul (UFRGS), sob a coordenação de Carlos Skliar. Vejamos um pouco dessa história.

Na década de 1990, um grupo de pesquisadores surdos e ouvintes – do qual eu mesma fazia parte – aglutinou-se a partir da necessidade de orientação de mestrado e de doutorado, uma vez que eles haviam sido selecionados para cursarem o Programa de Pós-Graduação em Educação da UFRGS. Todos eles estavam interessados em desenvolver investigações e estudos no campo da Educação Especial, mais especificamente, no campo da Educação de Surdos. Alguns professores daquele Programa assumiram o grupo e se dedicaram à orientação; porém, conforme nossos estudos iam tomando forma e ganhando peso acadêmico, começou a surgir a necessidade de a Universidade ter um pesquisador na área específica da educação de surdos. Foi nesse contexto que, em 1996, o professor argentino Carlos Skliar foi convidado, na qualidade de professor visitante, para integrar o Programa de Pós-Graduação em Educação da UFRGS.

Com a entrada de Skliar no Programa, constituiu-se o *Núcleo de Pesquisa em Políticas de Educação para Surdos* (NUPPES), o que permitiu a abertura de mais vagas para o ingresso de mestrandos e doutorandos. Desse modo, até mesmo pesquisadores surdos puderam iniciar uma outra fase de sua militância em prol da causa surda. Além disso, a universidade, em parte graças ao seu caráter público, tornou-se um lugar privilegiado para o desenvolvimento de pesquisas que tinham, entre seus objetivos, a orientação das comunidades escolares na construção de uma outra forma de olhar e narrar os sujeitos surdos que estavam na escola.

Conforme o núcleo foi se fortalecendo em seus estudos – fortemente marcados pela linha de pesquisa em *Estudos Culturais em Educação*, que já existia no Programa de Pós-Graduação em Educação –, abriram-se novos espaços para a entrada da comunidade surda na Universidade. A abertura e o reconhecimento nacional e internacional do NUPPES foram muito rápidos e expressivos. Os fatores que mais contribuíram para isso foram principalmente a participação da comunidade surda nas pesquisas que ali se realizavam, as publicações científicas em periódicos nacionais e internacionais, os cursos sobre educação e língua surda ministrados em todo o Brasil, os fóruns de discussões, a organização e a realização do Congresso Latino-Americano de Educação Bilíngue para Surdos, as assessorias às escolas de todo o Brasil, a participação na construção de políticas educacionais para surdos etc.

No que se refere às políticas de educação, o grupo, por meio de um convênio com a Secretaria de Educação do Estado, promoveu a formação de professores para atuarem na Educação de Surdos na rede pública estadual. Devido à repercussão desses trabalhos, o grupo foi várias vezes chamado por outros estados brasileiros para atuar como formador de professores, bem como para ministrar conferências, palestras e cursos. A disseminação da Língua Brasileira de Sinais foi uma das metas colocadas pelos pesquisadores, que buscavam parcerias em outros estados para fortalecer a pesquisa e a comunidade surda, já integrada na produção e na vida acadêmica.

Na busca por outros pesquisadores que atuassem dentro do recorte teórico dos Estudos Surdos, nomes como Lucinda Ferreira Britto, Eulália Fernandes, Regina Maria de Souza, Bárbara Gerner, entre outros, começavam a ser citados e referenciados por nós.

Penso que, considerando a expressão que tal grupo teve no cenário nacional e internacional, não há como pensar a educação de surdos no Rio Grande do Sul e talvez no Brasil sem a sua presença e influência. Isso não significa, é claro, que as discussões de fundo culturalista[1] tenham se iniciado com esse grupo ou que as discussões no campo dos Estudos Surdos tenham se restringido a ele. Muitos pesquisadores dispersos pelo Brasil já faziam estudos sobre a surdez e a educação de surdos fora do âmbito clínico e, concomitantemente ao NUPPES, já se mobilizavam dentro de seus contextos para que os surdos fossem vistos e narrados a partir de discursos antropológicos, culturais e linguísticos.

As produções desses pesquisadores nacionais, bem como as de vários estrangeiros, somadas às produções dos pesquisadores do NUPPES, compõem o que atualmente denomina-se Estudos Surdos. Sob essa designação, agrupa-se uma ampla gama de temas, problemas e enfoques teóricos que muito têm contribuído para uma compreensão mais refinada e matizada dos surdos e da surdez. É nesse horizonte que se situa este livro.

Vale salientar que, com as produções feitas nos últimos 15 anos no campo da educação de surdos, muitos temas

---

[1] Na Universidade Federal do Rio Grande do Sul, podemos localizar um grupo de pesquisadores que não só divulgaram produções estrangeiras que tinham como eixo central a cultura, como também produziram outros conhecimentos que nos permitiram entender a surdez e os surdos dentro do debate das diferenças culturais. Os Estudos Surdos produzidos no Rio Grande do Sul, especialmente no NUPPES, foram, desde o início, fortemente influenciados por pesquisadores que, naqueles anos iniciais, compunham a Linha de Pesquisas Estudos Culturais em Educação: Alfredo Veiga-Neto, Maria Lúcia Wortmann, Marisa Vorraber Costa, Norma Marzola, Rosa Hessel Silveira e Tomaz Tadeu da Silva. Todos eles muito contribuíram para a expansão e o aprofundamento dos Estudos Surdos.

podem ser vistos como que entrecruzados. Considero tais produções como um grande movimento de ruptura, tanto com uma concepção de Educação Especial fechada em si mesma e ainda fortemente marcada por um interesse clínico e corretivo, quanto com uma concepção de educação de surdos que essencializa a diferença surda. Essencializa porque, muitas vezes, parte do pressuposto de uma "pureza" na forma surda de ser, pensar e relacionar-se. Não há uma forma correta, uma identidade surda mais bem definida que outra, não há um conceito melhor, não há uma essência surda, nem mesmo um estágio que marque um desenvolvimento cultural desejado. Mas há formas diferentes de viver a condição de ser surdo e de pertencer a um grupo específico. Há subjetividades surdas em relação, produzindo marcas culturais surdas (LOPES; VEIGA-NETO, 2006).

Colocadas as balizas que guiarão os interessados na leitura deste texto, passo a comentar algumas questões que às vezes localizam a história dos surdos separadamente da história da surdez. Embora eu não compartilhe a interpretação de que sujeitos surdos e surdez sejam acontecimentos que devam ser vistos e entendidos separadamente um do outro, farei, em muitos momentos deste texto, o percurso que os separou. Tal separação entre história surda e história da surdez ganha força na literatura quando o movimento surdo começa a mostrar a necessidade de distinguirmos os processos de correção e constituição da comunidade surda, bem como de reconhecermos o caráter cultural expresso na forma de ser surdo.

Reconheço que a posição que adoto – a saber, considerar a surdez como a primeira diferença que agrega os surdos – não é consensual; porém, mesmo na contramão de muitos pesquisadores e militantes surdos, assumo o risco de argumentar que natureza-corpo/surdez-cultura não são coisas que possam ser vistas separadamente (EAGLETON, 2005). Assumir tal posição não significa pensar que, em muitos momentos da história surda, a história da deficiência auditiva não tenha aparecido para "abafar" ou desviar a atenção daqueles interessados em entender a surdez como condição primeira e mínima de pertencimento a uma comunidade surda.

Ao atribuir a noção de surdez de forma não binarizada ao ser surdo, quero, antes de qualquer interpretação, fazer uma ruptura radical na forma de concebermos a própria surdez. Ao contar fragmentos de acontecimentos históricos que foram produzindo a surdez, os sujeitos surdos e a cultura surda, proponho produzir, ancorada em outras pesquisas, uma outra forma de olhar, interpretar e narrar a diferença surda.

A surdez como diferença primordial e cultural

Entender o surdo como um sujeito cultural é, para muitas pessoas que a ele são ligadas direta ou indiretamente, uma questão complexa e, por isso, de difícil abordagem. Complexa porque as representações culturais inscrevem-se em campos discursivos distintos, muitas vezes vistos como contraditórios justamente por aqueles que se valem da cultura para produzirem argumentos binários que legitimam lutas sociais específicas; complexa, também, porque não há uma forma única nem mais adequada de conceituarmos cultura. É praticamente trivial afirmar que a complexidade do conceito de *cultura* inscreve-se na história e nos movimentos que desencadearam muitos problemas, debates e embates filosóficos e políticos acirrados e, não raro, até mesmo sangrentos.

Entrar de forma articulada nas relações entre cultura e surdez permite-me tornar mais consistente a argumentação que faço de que a surdez é um primeiro traço de identidade, e não somente uma materialidade sobre a qual apenas discursos médicos se inscrevem. Sobre tal materialidade, pode inscrever-se qualquer saber que tenha como objeto a surdez ou o sujeito surdo, inclusive os saberes de cunho culturalista. Diferentes discursos criam distintos significados para a surdez, porém nenhum deles pode negar a materialidade presente no corpo. Diante dessa existência (digamos) "natural" da surdez, há sentidos sendo criados a partir de modos particulares de vivenciar a questão. Os significados são inseparáveis da cultura em que se formam e circulam; são eles os responsáveis pela nossa visão cultural do ser surdo; isso para não citar as outras visões que estão no âmbito da clínica, da antropologia, da política, da economia etc.

Quero dizer que entender a surdez como um traço cultural não significa retirá-la do corpo, negando seu caráter natural; nem mesmo significa o cultivo de uma condição primeira de não ouvir. Significa aqui pensar dentro de um campo em que sentidos são construídos em um coletivo que se mantém por aquilo que inscreve sobre a superfície de um corpo.

Sem marcar oposições entre natureza e corpo, mas desconstruindo ou contornando tal oposição, a surdez pode ser vista dentro de um campo de ações construídas pela linguagem. É a linguagem que permite a criação de um sistema de significações para representar coisas e negociar sentidos sobre elas. É sobre os sentidos que damos às coisas que construímos nossas experiências cotidianas e nossas interpretações sobre nós e os outros.

Se a linguagem nos permite entrar em um campo social de produção de verdades e de representações, ela também nos permite inventar as próprias coisas; nesse caso específico, inventar a surdez de muitas formas, dependendo das relações em que estamos mergulhados. *Cultura, significado* e *comunicação* estão tão intimamente intrincados que não há como saber quando um termina para começar o outro. Assim, entender os significados que damos à palavra *surdez* ou à expressão *ser surdo* vai depender de um conjunto de relações entre aqueles três elementos. Afirmar que a surdez é uma invenção é dizer que, sobre um corpo surdo, se inscrevem saberes que me permitem significar o sujeito surdo dentro do contexto social, cultural e comunicativo em que ele está inserido. Não há como fazer significações sem que haja conhecimentos, representações sobre o que é ser surdo e o que seja surdez. Para longe de uma essencialização, é importante frisar que não haverá invenção de sentidos se não houver materialidade e conhecimento de qualquer ordem produzindo condições para a sua criação. Conforme Hall (1997), não há como fugir aos significados produzidos no circuito da cultura, nem como nos livrarmos da cultura que nos faz seres produtivos e interpretativos. Com isso, posso afirmar que, se a palavra *surdez* remete a um sentido clínico e terapêutico, é porque a produzimos dessa forma – acontecimento que nos permite virar de costas para essa interpretação e passar a operar com outras formas de significação. O sentido clínico também é uma invenção cultural, assim como o sentido antropológico, entre tantos outros. Diante de tal compreensão, o que se torna imprescindível é demarcar o terreno e escolher bem os parceiros que vão ajudar a definir um tipo de entendimento e um tipo de construção de sentidos para a questão do ser surdo. É a partir disso tudo que se pode compreender a surdez como uma invenção antropológica e cultural; é por aqui que olho e procuro pensar as comunidades e as subjetividades surdas.

Hall (1997), ao descrever o circuito da cultura, mostra a articulação entre movimentos como os de representação, identidade, produção, consumo e regulação, intimamente ligados uns aos outros em torno de uma produção/invenção cultural. O termo *invenção* é utilizado, tendo como fundamento o sentido que lhe atribui Wittgenstein (1979). As coisas são inventadas quando usamos a linguagem para falar delas, quando elas passam a existir em nosso cotidiano, quando passam a ter nomes. Se passarmos a narrar a surdez dentro de circuitos não clínicos e medicalizantes, poderemos inventá-la de outras formas.

Mas por que insistir nessa preocupação em manter a surdez como uma "forma de falar dos surdos"?

A resposta a essa pergunta é aparentemente simples: porque ela é a diferença primeira que possibilita a aproximação surda e a diferenciação de outros não surdos. Um ouvinte pode ser amigo dos surdos, companheiro de luta, solidário com a causa surda, pesquisador na área, frequentar a associação e as festas surdas; ele pode, enfim, ter todas as razões para ser aceito pelos surdos. No entanto, para a comunidade surda, qualquer ouvinte estará sempre sob suspeita justamente por *não ser surdo*. Será sempre um ouvinte entre surdos, mesmo que conviva anos entre eles.

Isso nos leva a pensar na surdez como elemento de um circuito cultural que não pode ser esquecido ou relegado a comparações entre ouvintes e surdos. A surdez pela surdez não existe. Para a surdez constituir-se em um caso, uma deficiência, uma marca de uma cultura, é preciso que a inventemos de determinadas formas ou de outras não mencionadas ou menos explícitas. Inventamos a surdez quando a transformamos em um caso a ser estudado, em números a serem levantados, em um problema a ser tratado, em uma característica de um grupo específico etc.

Nessa perspectiva, a invenção da surdez como diferença primordial ganha *status* de verdade e de realidade quando começa a ser produzida nas narrativas surdas a partir de um entendimento que não é aquele marcado pelas práticas clínicas ou pela diferenciação entre deficientes e não deficientes. A surdez é entendida como uma invenção quando a vemos como um traço/marca sobre o qual a diferença se estabelece produzindo parte de uma identidade; quando a usamos para nos referirmos àquilo que não sou; quando ela é que mobiliza a formação de políticas de acessibilidade; quando ela começa a circular em diferentes grupos como uma bandeira de luta pelo reconhecimento daquele que se aproxima, antes de qualquer outra razão, porque compartilha de uma experiência comum (ser surdo).

Daí se justifica por que ainda faz sentido falarmos de surdez.

Talvez, para marcar claramente essa posição, seja interessante entrar minimamente, para não sair de meu foco, na discussão sobre o próprio conceito de *cultura*.

Originalmente, a palavra *cultura* está relacionada à noção de cultivo agrícola. A palavra *cultivo* aponta para uma produção orientada e regulada por práticas sociais distintas; *agrícola*, por sua vez, aponta para a ideia de atividade, de ação sobre o que poderíamos chamar de natureza. O conceito de cultura, portanto, pode ser entendido como uma ação, como uma possibilidade de intervenção sobre algo; assim, a palavra cultura coloca-se na própria ordem do mundo material.

Desse modo, pode-se dizer que a cultura inscreve-se sobre uma materialidade que não está em oposição a ela mesma, cultura; ao contrário, a própria natureza entra como condição de possibilidade para que a cultura se estabeleça como tal. Por outro lado, a cultura, ou caráter cultural, pode ser modificada, porém a base material sobre a qual ela se inscreve tem uma existência autônoma. Às vezes, isso é exemplificado da seguinte maneira: independentemente dos muitos significados culturais que se possa atribuir à morte, o fato é que se morre... Isso equivale a dizer que, mesmo considerando que aquilo que chamamos de *realidade* seja uma construção linguística – e, por isso mesmo, uma construção social e cultural –, a negação da existência de uma realidade material não se sustenta racionalmente. Uma coisa é o sentido que damos a isso que chamamos de *realidade* – um sentido que só pode ser pensado e formulado linguisticamente. Outra coisa é assumir um idealismo ingênuo e reducionista que supõe nada mais existir a não ser as ideias que se faz das coisas e do mundo. Não se trata, aqui, de colocar em discussão a velha polêmica entre o idealismo e o realismo, mas entre o realismo e o antirrealismo, pois, como argumentou Richard Rorty e já explicamos em outro lugar (Veiga-Neto; Lopes, 2007), "a questão não é tanto perguntar 'a realidade material é dependente da mente?', mas 'que tipos de asserções verdadeiras, se alguma houver, encontram-se em relações representacionais para com itens não-lingüísticos?'". Em termos práticos, "na melhor das hipóteses, o que se pode dizer é que, 'mesmo que exista uma realidade para além do nosso entendimento, ela só poderá ser pensada quando estiver sendo (minimamente) entendida e, nesse caso, já não estará mais para além do nosso entendimento'...". Em outras palavras, essa realidade, enquanto estiver para além e independentemente do nosso entendimento, não interessará no âmbito do que estamos aqui discutindo, pois não passará de uma suposta realidade, de uma questão metafísica. Tal realidade só interessará quando estiver conectada linguisticamente a nós, isto é, quando estiver noâmbito da nossa linguagem e, por isso mesmo, no âmbito da cultura.

Nessa concepção que busca entender cultura como cultivo e também como sistematização da vida, capaz de cultivar espaços e relações em torno de um dado objetivo, está a necessidade de determinação de regras de convivência. Trata-se de regras que determinam o que é regulável e o que não é regulável. Tais dimensões não devem ser entendidas dicotomicamente, mas como uma condição intrinsecamente colocada numa relação de dependência produtiva, ou seja, dentro de uma relação de produção de movimentos ambivalentes em que materialidade e convenções se mantêm de outras formas. Como explica Eagleton, "regras, como culturas, não são nem puramente aleatórias nem rigidamente determinadas – o que quer dizer que ambas envolvem a idéia de liberdade" (EAGLETON, 2005, p. 13).

Retomando a reflexão sobre a surdez, pode-se dizer que a materialidade que a determina – como uma condição da natureza – não está dissociada das regras que a narram e que a fazem aparecer em distintos contextos. A questão aqui está na presença dela como algo material, em que regras específicas são criadas a partir de uma série de contingências culturais determinadas por saberes temporais espacialmente específicos. Tais saberes podem criar sentidos diferentes para a surdez sem que a ela se sobreponham. Assim, não podemos deixar simplesmente de falar na surdez, dado que esse é um termo que pode remeter à condição de não ouvir – associado imediatamente a regras de cura e de normalização vividas em diferentes períodos históricos. Podemos falar na surdez porque ela remete a uma condição em que regras culturais se apegam para ganhar sentidos – sentidos sempre e imediatamente associados a regras configuradas a partir do (e com o) outro semelhante a mim com o qual eu convivo.

Nas palavras de Eagleton,

> Se somos seres culturais, também somos parte da natureza que trabalhamos. Com efeito, faz parte do que caracteriza a palavra "natureza" o lembrar-nos da continuidade entre nós mesmos e nosso ambiente, assim como a palavra "cultura" serve para realçar a diferença. (EAGLETON, 2005, p. 15)

A diferença surda dá-se no âmbito da cultura sem excluir a diferença primordial inscrita no corpo surdo – o não ouvir. É verdade que a falta não deve ser um elemento definidor do ser surdo, por isso não concentro minha argumentação na falta de audição, mas na surdez.

Aqui, convém marcar a diferença entre surdez e falta de audição. Talvez valha perguntar: existe alguma diferença entre surdez e falta de audição? Sim. A diferença está nas noções de normalização e de completude implicadas na ideia de "falta". Não é disso que falo quando digo que a surdez, como algo que se inscreve no corpo, deve ser tomada como a diferença primeira na defesa da cultura surda.

Entender a surdez como uma questão cultural talvez pareça um tanto estranho para alguns. Igualmente, pensar outros grupos nessa mesma lógica culturalista também pode parecer estranho para aqueles que pensam segundo outros referenciais de racionalidade – seja fora das Filosofias da Diferença, seja fora dos registros da virada linguística e das perspectivas pós-estruturalistas. Nesses registros, não há como pensar por fora da cultura; nem a própria cultura pode ser pensada de algum lugar fora dela mesma, pois isso implicaria aceitar que seria possível pensar a partir de um "lugar nenhum". É preciso compreender que isso significa bem mais do que simplesmente dizer que a cultura influi naquilo que pensamos e dizemos. Condé (2004), ao discutir a obra de Ludwig Wittgenstein, diz que a elaboração de um modelo de racionalidade deve considerar a forma de vida que a produziu com seus usos e práticas sociais. Considerando tal afirmação, podemos dizer, então, que não há como pensar numa cultura em si, mas em acontecimentos vistos no interior de uma forma de vida que se organiza a partir de um universo de sentidos produzidos a partir de condições comuns.

Com a aproximação entre o conceito de cultura como algo em si mesmo e o conceito de cultura que atribui à linguagem o papel da construção simbólica, estabeleceram-se muitas mudanças nas formas de pensar e de utilizar o conceito junto às comunidades que se narram dentro de culturas específicas. A noção de diferença cultural coloca-se dentro da necessidade de estabelecer comparações entre sujeitos pertencentes a grupos culturais distintos. Na relação de aproximação e de diferenciação cultural (BURBULES, 2003), grupos fortaleceram-se e mobilizaram-se na luta por se manterem incluídos em suas comunidades. A noção de pertencimento a determinados grupos foi um dos acontecimentos que marcaram não só a compreensão do termo *cultura*, como também a dos termos *identidade* e *diferença*.

Conforme expliquei em outro texto, onde problematizo as possibilidades de leitura e tradução da diferença (LOPES, 2007), identidade e diferença podem ser vistas como sendo condição uma para outra, se entendermos a diferença no limite da tradução. As inúmeras traduções da diferença em identidades, para que o outro seja capturado e pretensamente "desvendado", mostram a impossibilidade da própria tradução e da captura do outro. Sem rompermos com a filiação da diferença à identidade, não haverá por que ficar pensando e querendo falar, escrever e produzir saberes sobre a diferença. Compreender a diferença como simples diferença, sem fixá-la em identidades nem minimizá-la na diversidade, pressupõe, no caso dos surdos, não mais pensar se eles são ou não diferentes dos ouvintes, se eles são ou não diferentes de outros grupos culturais (étnicos, religiosos etc.). No entanto, continuar pensando a diferença como marca identitária parece ainda ser importante para o fortalecimento político da comunidade surda. Ainda é preciso, em muitos espaços, incluindo aí os próprios espaços acadêmicos, manter a diferença como identidade.

Em suma, proponho olhar a surdez não pela falta, mas por aquilo que ela marca como diferente. A surdez, antes de qualquer outra diferenciação que possa ser estabelecida, chama a presença do som para o contraponto. Não aproxima o som para que uma relação de oposição se estabeleça, mas para que uma relação de diferenciação tenha condições de se colocar. Quem tem surdez parte de uma condição narrada como diferenciada em relação a quem tem audição. Muito além de um corpo, aqui estão implicadas formas de se relacionar, formas de se identificar com alguns e se distanciar de outros, formas de se comunicar e de utilizar a visão como um *elo aproximador* entre sujeitos semelhantes. A surdez, nessa narrativa, é marcada pela presença de um conjunto de elementos que inscrevem alguns sujeitos em um grupo, enquanto que outros são deixados de fora desse grupo. Assim, as formas de comunicação advindas da condição surdez são um dos elos mais fortes da própria comunidade, uma vez que nosso modo de ver, entender e nos comunicarmos entre pares se dá efetivamente segundo processos no comum, para os quais as marcas identitárias são uma condição radicalmente necessária.

Estudos Surdos e Educação

> Os Estudos Surdos em Educação podem ser pensados como um território de investigação educacional e de proposições políticas que, através de um conjunto de concepções lingüísticas, culturais, comunitárias e de identidades, definem uma particular aproximação – e não uma apropriação – com o conhecimento e com os discursos sobre a surdez e o mundo dos surdos. (SKLIAR, 2001, p. 29)

Embora para muitos a expressão "Estudos Surdos" possa parecer incômoda ou até estranha, para aqueles que divulgam e produzem esses estudos segundo uma orientação culturalista, essa expressão é uma forma de marcar uma posição política e epistemológica. Os estudos que têm os sujeitos surdos em seu centro partem da compreensão da surdez como uma diferença que agrega, gera e alimenta tanto relações com outros surdos quanto tensões e diferenciações inventadas no interior do próprio grupo. Trata-se de uma diferença que não procura dizer *quem é* o surdo, como ele deve fazer para desenvolver a identidade surda, como ele deve fazer para aprender etc., mas que quer – na combinação entre as diferentes perspectivas teóricas que possibilitam pensar quaisquer relações a partir da centralidade da cultura – problematizar a surdez como uma marca que inclui alguns sujeitos e exclui outros, que determina algumas condições de vida e de comunicação e que, principalmente, determina formas de organização de vida em um dado grupo cujas formas de estar e de se relacionar com o outro são compartilhadas.

A expressão "Estudos Surdos" surgiu no Brasil a partir de uma tentativa de tradução dos chamados *deaf studies*, que eram realizados por pesquisadores de outros países, principalmente dos Estados Unidos. É difícil – e aqui, pouco relevante – determinar a origem dos *deaf studies*; mas, com alguma segurança, pode-se afirmar que o linguista William Stokoe foi um dos primeiros pesquisadores que, em torno de 1960, começaram a produzir nesse campo. Ele utilizava critérios linguísticos para afirmar outro *status* para a língua de sinais. Em contraposição a Saussurre – que acreditava que a língua de sinais se tratava de um sistema semiótico elaborado –, Stokoe descreveu a Língua Americana de Sinais como uma língua natural de um grupo cultural específico. Com tal afirmação, Stokoe tornava visível que a "estrutura cultural" dos sujeitos surdos é constituída de outra forma, na medida em que a língua está estritamente vinculada à cultura. Vinte anos depois desses estudos iniciais, Stokoe (1980) publicou *Sign and culture*, insistindo na relação entre comunidade, cultura, língua e comunicação.

A partir de tal entendimento, muitos pesquisadores dedicaram-se a analisar e a problematizar aspectos relacionados à Língua de Sinais em seus respectivos países. No Brasil, tal discussão não tardou a chegar.

Por volta de 1980, no Rio de Janeiro e em São Paulo, alguns pesquisadores, educadores, psicólogos, filósofos e sociólogos foram aos poucos se filiando à questão surda. Buscavam entender como a língua de sinais atravessava as identidades dos sujeitos que a compartilhavam.

A história surda,[2] embora marcada por episódios como os citados acima, em que a diferença surda passa a ser

---

[2] No campo dos Estudos Surdos é comum o uso de expressões tais como história surda, identidades surdas, narrativas surdas, comunidades surdas, línguas surdas, conquistas surdas, movimentos surdos etc.

mencionada e "aceita", é construída por muitos movimentos de oposição e resistências. Com as conquistas surdas e as "descobertas" em torno da língua de sinais, professores começam a reivindicar, juntamente com linguistas, historiadores, antropólogos e psicólogos, outras condições de ensino e de vida para pessoas surdas. As lutas pelo reconhecimento da língua de sinais nas escolas, pelo reconhecimento da comunidade surda e pelo fim de práticas oralistas nos trabalhos com sujeitos surdos ocuparam o cenário educacional com mais expressão acadêmica, social e política só a partir do final da década de oitenta e início da de noventa do século XX.

A formação de pesquisadores e professores de surdos começou a acontecer nesse mesmo tempo. Eles lutavam para que a comunidade surda não se submetesse às imposições ouvintes de representações sobre os surdos e sobre a surdez. Filiaram o movimento surdo aos movimentos étnicos, imprimindo assim a compreensão que pensavam ser a melhor para a surdez, ou seja, entendendo-a como uma diferença forjada no e pelo grupo social. Ser surdo passou a representar, a partir dos anos oitenta do século passado, inclusive no Brasil, ser integrante de um grupo étnico minoritário.

Claro que é importante lembrar que essa não foi uma visão aceita com tranquilidade, principalmente por aqueles que atuavam no campo da Educação. Entender a diferença surda como uma diferença cultural e admitir que a língua de sinais seja uma língua própria dos surdos é, ainda hoje, uma dificuldade em muitos espaços educativos e sociais. Essa é uma luta de idas e vindas. As conquistas não ocorrem de forma homogênea nas diferentes regiões brasileiras, nem mesmo no interior de cada região.

Com a forte ênfase na formação de professores e pesquisadores surdos, principalmente no campo da Educação, os cursos de magistério começaram a ser os mais procurados pelos surdos para fazerem a sua formação. A luta era pela qualificação de um corpo de profissionais surdos capazes de servirem como referência para crianças e jovens surdos.

Com a ênfase colocada no caráter cultural da surdez e com a compreensão de que os surdos são sujeitos que pertencem a uma minoria linguística cultural, o debate da educação de surdos é ampliado para além do domínio da Educação Especial, fortemente marcada pela ênfase numa dimensão clínico-medicalizadora. Não quero dizer que a partir de 1960 os discursos clínicos tenham sido negados e excluídos da história surda, pois eles continuam até os dias de hoje fazendo investigações e ações de profilaxia. Entretanto, tais olhares médicos não entram no que chamamos hoje de Estudos Surdos.

Karnopp (2004), ao trabalhar a questão da língua de sinais e da educação de surdos, argumenta que o reconhecimento político e social da diferença surda e da língua de sinais é recente. Aqui cabe um comentário. Embora o reconhecimento político da diferença surda seja recente no Brasil, como aponta Souza (1998), a língua de sinais já circula no Brasil com dimensão política – se é possível colocar dessa forma – desde a chegada de Hernest Huet ao Rio de Janeiro, em 1857. Huet fundou uma escola residencial no Rio de Janeiro, e dela nasceu, com o apoio do Imperador D. Pedro II, o Instituto de Educação de Surdos, existente até hoje como instituição federal, agora chamado de Instituto Nacional de Educação de Surdos (INES). É importante destacar que vários saberes surdos foram produzidos no e a partir do INES. A produção de tais saberes foi possível graças à convivência entre os surdos no espaço escolar.

Citando Wrigley, Karnopp (2004) mostra o quão recente é o reconhecimento da língua de sinais e da educação de surdos. Essa autora reporta-se às declarações da UNESCO, das Organizações Mundiais da Saúde (OMS), da Federação Mundial dos Surdos – World Federations of the Deaf (WFD) -- e do Encontro Global dos Especialistas sobre o *status* linguístico das línguas de sinais para afirmar que os surdos ainda precisam lutar para terem direitos mínimos respeitados.

Wrigley (1996) afirma que foi apenas em 1984 que a UNESCO declarou que a língua de sinais deveria ser reconhecida como um sistema linguístico. Karnopp diz que "a Federação Mundial do Surdo, em julho de 1987, adotou sua primeira Resolução sobre Língua de Sinais, rompendo com uma tradição oralista" (KARNOPP, 2004, p. 104). Na mesma linha, essa autora argumenta que o Encontro Global de Especialistas, em dezembro de 1987, apontou que pessoas surdas deveriam ser reconhecidas como uma minoria linguística e, por isso, teriam direito a intérpretes de língua de sinais. Conforme a lei federal 10.436, de 24 de abril de 2002, regulamentada pelo decreto nº 5.626, de 22 de dezembro de 2005, a Língua Brasileira de Sinais foi oficializada no Brasil. No decreto, pessoa surda é aquela que, "por ter uma perda auditiva, compreende e interage com o mundo por meio de experiências visuais, manifestando sua cultura principalmente pelo uso da Língua Brasileira de Sinais – LIBRAS". Embora consideremos um avanço político a conceituação de pessoa surda contida no decreto, o mesmo documento é ambíguo ao conceituar deficiência auditiva. É possível ler no documento: "Considera-se deficiência auditiva a perda bilateral, parcial ou total, de quarenta e um decibéis (dB) ou mais, aferida por audiograma nas frequências de 500Hz, 1.000Hz, 2.000Hz e 3.000Hz". Tal ambiguidade mostra o quão difícil é a luta surda por ter reconhecida a sua diferença fora da matriz que conceitua a surdez como perda de audição. Concomitantemente ao conceito linguístico cultural de pessoa surda o conceito de perda auditiva continua, em parágrafo único, definindo o sujeito.

Atualmente, devido às conquistas da comunidade surda, em articulação com pesquisadores de várias instituições de ensino superior, muitos são os cursos de Intérpretes de Língua Brasileira de Sinais oferecidos pelas universidades federais brasileiras. Os cursos de Pedagogia, demais licenciaturas e Fonoaudiologia, em todo o país, incorporaram em seus currículos disciplinas de língua de sinais e, de forma articulada, desenvolvem aspectos da cultura e da identidade surda. Guedes (2010), ao problematizar tal expansão da língua de sinais dentro dos cursos de fonoaudiologia, argumenta que tal conhecimento aparece de forma isolada de uma discussão mais aprofundada sobre diferença, identidade e cultura surda. O ensino de sinais para fonoaudiólogos pode ser visto como mais uma forma/meio de se pensar a normalização surda. Penso que essa realidade constatada por Guedes (2010) nos cursos de fonoaudiologia também pode ser observada nos cursos de formação de professores para surdos (Schuck, 2011).

Na linha de discussões recentes, embora tardias, no XV Congresso Mundial de Pessoas Surdas, realizado em Madri entre os dias 16 e 22 de julho de 2007, os surdos reafirmaram que as pessoas surdas têm os mesmos direitos humanos que os outros grupos sociais e que a diversidade é um fator intrínseco à comunidade surda. No documento, traduzido por Irene Lagranha, da Federação Nacional de Educação e Integração dos Surdos (FENEIS/RS), é mencionado o reconhecimento da língua de sinais como um instrumento cultural. Acrescento que a língua de sinais pode ser entendida, de certa maneira, como a materialização da própria cultura.

> As línguas de sinais são instrumentos essenciais para transmitir cultura e conhecimento. O status e o reconhecimento das línguas de sinais no mundo devem ser reforçados mediante políticas lingüísticas, pesquisa e ensino da língua de sinais. As línguas de sinais deverão fazer parte do currículo escolar de cada país. (Declaração Mundial de Educação de Surdos, 2007)

A comunidade surda – organizada em associações e representada pela FENEIS –, regionalmente articulada às universidades, tem mostrado sua força e tem se potencializado à medida que a militância surda se qualifica e consegue lutar e entrar nas instituições de ensino superior, um espaço que até há pouco tempo praticamente não era frequentado por surdos. Nessa e em outras lutas travadas em prol do reconhecimento surdo é que os Estudos Surdos foram e continuam sendo produzidos e divulgados.

Carlos Skliar (1997a), escrevendo sobre a necessidade de olhar de outras formas para os sujeitos surdos, bem como de pensar outras possibilidades de articulação teórica para as pesquisas e práticas educacionais com surdos, desenvolve alguns argumentos e aponta algumas potencialidades temáticas que ajudam a definir, no final dos anos noventa, o que hoje nos referimos como sendo Estudos Surdos. O autor indica, entre outras sugestões,

> [...] um refinamento na análise dos mecanismos de poder e de saber exercidos pela ideologia dominante na educação dos surdos [...];
>
> [...] estabelecer ou uma redefinição dos problemas que se supõem estar na base da educação para os surdos; ou bem um olhar completamente novo sobre aquilo que é realmente variável nela;
>
> [...] ocorrer uma ampliação dos sentidos e significados acerca do papel que cabe à educação dos surdos, a partir de uma definição mais extensa e crítica de *um campo para a educação de surdos* [...] que compreenda as diferentes forças que existem dentro e fora da escola;
>
> [...] ampliar-se os espaços conquistados pelos surdos dentro de uma educação, e não depender de uma concessão fragmentária e descontínua dos ouvintes. (SKLIAR, 1997a, p. 255-256)

Apesar de essa citação ter sido um pouco longa, penso que ela nos dá um panorama de como se configurou a história dos Estudos Surdos no Brasil e, mais especificamente, no Rio Grande do Sul, principalmente a partir da década de 1990.

De lá para cá, muitos foram os desdobramentos e as articulações teóricas no campo dos Estudos Surdos. No entanto, é interessante frisar o quanto foi necessário prescrever e recomendar, em muitos momentos, os estudos que deveriam ser realizados para que pudéssemos fazer uma outra história surda. Um dos textos mais pedagógicos e, assim, mais prescritivos que Skliar escreveu no Brasil talvez tenha sido o que citei acima: *A reestruturação curricular e as políticas educacionais para as diferenças: o caso dos surdos*. Com os Estudos Surdos, ficou cada vez mais evidente a necessidade de pensarmos e colocarmos em ação novas políticas de educação e novos currículos para as escolas de surdos – currículos que contemplem e possibilitem a construção da história surda, e não da história da surdez.

Contribuindo para a consolidação dos Estudos Surdos no Brasil, muitos foram e ainda são os pesquisadores surdos e ouvintes que se agregaram e se agregam na busca de produção acadêmica, formação profissional, inserção na escola de surdos e na comunidade surda. Entre os grupos que podem ser citados, temos:

- Grupo de Estudos Surdos (GES), formado na Universidade de Campinas/SP;
- Grupo de Estudos sobre Linguagem e Surdez (GELES), na Universidade Federal do Rio de Janeiro;
- Núcleo de Pesquisa em Políticas de Educação de Surdos (NUPPES), na Universidade Federal do Rio Grande do Sul;
- Grupo de Estudos Surdos (GES), na Universidade Luterana do Brasil;
- Grupo de Estudos Surdos (GES), na Universidade Federal de Santa Catarina;
- Grupo Interinstitucional de Pesquisa em Educação de Surdos (GIPES), formado por pesquisadoras de cinco universidades localizadas no Estado do Rio Grande do Sul.

Os pesquisadores atuantes nesses grupos – assim como outras pessoas, que militam na causa surda, que às vezes trabalham de forma solitária ou em parceria com outros profissionais – organizaram e continuam organizando eventos que têm mobilizado a academia, as escolas, as famílias, as comunidades surdas e os agentes públicos. Graças, em boa parte, a tais eventos, a produção acadêmica nos campos da Educação e da Linguística, realizada em outros países, começou a circular no Brasil. Muitos pesquisadores do campo dos Estudos Surdos têm sido frequentemente convidados a ministrar cursos e conferências e a participar como professores visitantes em universidades brasileiras. Estiveram no nosso país – a partir da grande mobilização de alguns pesquisadores, tais como Regina Maria de Souza, Lucinda Ferreira Britto, Zilda Gesuelle, Maria Cecília Góes e Carlos Skliar – os especialistas James Gregory Kyle (coordenador do *Centre for Deaf Studies*, da Bristol University), Bárbara Gener Garcia (pesquisadora da Gallaudet University), Jemina Napier (da Macquarie University), entre outros.

A formação de um quadro de pesquisadores atuantes no movimento surdo e na academia foi crescendo e se multiplicando nas universidades brasileiras. Mestres e doutores, a partir do final da década de noventa e início dos anos 2000, começaram a dar retornos substanciais de suas pesquisas, fortemente marcadas por atravessamentos linguísticos e embaladas pela necessidade de difundir a educação de surdos a partir de bases sociais, culturais e políticas.

NUPPES: produção e militância

Na história da produção e da formação acadêmica brasileira no campo da educação de surdos, o Rio Grande do Sul destacou-se ao longo dos últimos 15 anos. Ao afirmar isso, não estou desconsiderando aqueles programas de pós-graduação em Educação no Brasil que pontualmente desenvolviam e continuam desenvolvendo investigações e formando especialistas, tendo como foco principal a educação de pessoas surdas. Quero tão somente dar destaque a um grupo de pessoas que se reuniram sob o abrigo institucional da Universidade Federal do Rio Grande do Sul e de cujos esforços resultou uma considerável produção acadêmica e uma intensa militância, no campo dos Estudos Surdos. Trata-se do Núcleo de Pesquisa em Políticas de Educação para Surdos (NUPPES), dentro do qual foram realizados vários projetos de pesquisa e de onde saíram muitas publicações – na forma de dissertações, teses, livros e artigos publicados em periódicos nacionais e estrangeiros – que hoje circulam amplamente. Até mesmo parte do que discuto neste livro pode ser considerado como um desdobramento daquela produção.

Conforme já referi, o Núcleo de Pesquisa em Políticas de Educação para Surdos (NUPPES), do Programa de Pós-Graduação em Educação da Universidade Federal do Rio Grande do Sul, sem dúvida, contribuiu muito para alguns avanços sociais, educacionais e políticos no que concerne à causa surda, no Brasil. Tendo como aliada a Linha de Pesquisas Estudos Culturais em Educação daquele mesmo programa de pós-graduação, o NUPPES, durante muitos anos, funcionou como um centro tanto produtor e irradiador de conhecimentos e formador de especialistas no campo dos Estudos Surdos quanto catalizador de ações políticas em prol dos direitos dos surdos.

Resultou certamente daí que – um tanto na contramão da história da inclusão vivida no Brasil – o Estado do Rio Grande do Sul, dentro de seus limites, conseguiu traçar novas (e inovadoras) diretrizes para a educação de surdos. Tais diretrizes foram estabelecidas por meio de uma ação conjunta entre pesquisadores do NUPPES, pesquisadores e professores militantes na educação de surdos, FENEIS, Secretaria Estadual de Educação[3] e Fundação de Articulação e Desenvolvimento de Políticas Públicas para Pessoas Portadoras de Deficiência e Pessoas Portadoras de Altas Habilidades no Rio Grande do Sul (FADERS).

Sempre agindo de forma articulada, os pesquisadores do NUPPES e a FENEIS buscaram articular novas políticas de formação de professores e militaram junto com órgãos representativos do Estado, pela criação de políticas que contemplassem a diferença surda e o direito surdo de ter acesso a uma escola de surdos; lutaram para que os programas televisivos fossem traduzidos; fomentaram a necessidade da divulgação da LIBRAS entre os surdos, as escolas e as famílias de surdos; lutaram para que pesquisadores e professores surdos tivessem uma formação sistemática.

Por intermédio dos eventos promovidos, os sujeitos surdos foram colocados e colocaram-se em outras posições sociais e escolares. Um evento organizado em Porto Alegre pelo NUPPES – do qual, na época, faziam parte Carlos Skliar (coordenador), Adriana da Silva Thoma, Gládis Perlin, Liliane

---

[3] Aqui é preciso registrar a longa e importante contribuição da professora Selene Barbosa, incansável militante da causa surda e promotora da articulação entre o ambiente acadêmico e a Secretaria de Educação do Estado do Rio Grande do Sul.

Ferrari Giodani, Madalena Klein, Márcia Lise Lunardi, Maura Corcini Lopes, Mônica Dusso de Oliveira, Ottmar Teske e Sérgio Lulkin – marcou a história surda e contribuiu para a inscrição do movimento surdo entre os movimentos sociais em prol do reconhecimento das diferenças culturais. Esse evento – o V Congresso Latino-americano de Educação Bilíngue para Surdos, realizado em 1999 – reuniu centenas de sujeitos surdos. Em um pré-congresso organizado por eles mesmos, reuniram-se e redigiram um documento intitulado "A educação que nós surdos queremos". O documento continha esclarecimentos sobre a forma como os surdos gostariam de ser narrados; diretrizes surdas para a educação (desde a educação infantil); discussões acerca da Língua Brasileira de Sinais; o direito a intérpretes e a necessidade do reconhecimento, pelo Estado, da LIBRAS como uma língua oficial. Tal documento foi entregue em ato oficial ao então Governador do Estado do Rio Grande do Sul, Olívio Dutra, após uma passeata de aproximadamente 2000 pessoas que estavam presentes naquele V Congresso.

O Congresso e a entrega do documento elaborado pelos surdos deram visibilidade a outras ações que vinham sendo realizadas dentro e fora da Universidade Federal do Rio Grande do Sul. Pode-se considerar que o V Congresso alavancou decisivamente as ações do NUPPES. A partir daí, sob a coordenação do professor Carlos Skliar, mestrandos e doutorandos trabalharam com afinco na produção de pesquisas que possibilitaram mostrar a diferença surda não narrada pelo viés tradicional da Educação Especial, mas pelo viés da cultura. Esses acontecimentos trouxeram, para as discussões no campo da educação de surdos, outros atravessamentos teóricos que permitiram aos pesquisadores pensar a surdez dentro de novas bases epistemológicas, até então desconhecidas ou pouco divulgadas. Partidários da ideia de que a surdez é uma invenção cultural, eles introduziram em suas pesquisas e produções textuais novas reflexões sobre identidade, diferença, comunidade e diversidade. Com isso, reposicionaram a surdez, deixando para trás os discursos clínicos e reabilitadores que, desde há bastante tempo, têm sido dominantes nas representações sobre a surdez. Isso não significa que o NUPPES ignorava tais discursos; pelo contrário, em quase tudo o que ali era produzido havia consistentes problematizações sobre as práticas de normalização e de correção a que se submetem os surdos. Pode-se dizer até mesmo que não foram poucos os esforços para tornar explícitas as redes discursivas em que a surdez fora narrada como uma deficiência e os surdos haviam sido levados a se narrarem como deficientes.

Narrar os surdos a partir da concepção da cultura não foi algo que se iniciou com o NUPPES. No próprio Estado do Rio Grande do Sul – mais especificamente, na Universidade Federal de Santa Maria – e principalmente nos Estados de São Paulo e Rio de Janeiro, esse era um movimento já iniciado. No entanto, logo que os pesquisadores do NUPPES começaram a trabalhar juntos, em meados da década de 1990, houve uma espécie de potencialização de forças, até então dispersas. As produções acadêmicas passaram a ser mais aprofundadas e regulares, graças às pesquisas de mestrado e de doutorado que estavam sendo ali realizadas. As discussões e produções de pesquisas estavam alicerçadas na promoção de modelos linguísticos, na importância do conhecimento da estrutura da língua de sinais e na divulgação do bilinguismo como uma forma de compreensão da condição de ser surdo em uma sociedade ouvinte. Nutrindo-se das discussões feitas a partir da linguística e fixadas na necessidade de visibilizar a diferença surda e divulgar a língua de sinais, aqueles pesquisadores investiram na aproximação da comunidade surda com os professores de surdos da universidade. A democratização da produção acadêmica realizada no NUPPES foi um dos primeiros movimentos do grupo. Nesse movimento, dissertações de mestrado realizadas em várias universidades (para pensar a educação e a língua surda sob um enfoque culturalista e antropológico) passaram a circular com mais facilidade, somando-se à produção que se realizava no NUPPES.

Em todo esse processo, os professores que trabalhavam com surdos não só começaram a buscar o conhecimento da língua surda e a contratar professores surdos para servirem de "modelo cultural" para outros surdos, como também procuraram articular outras formas de trabalhar com seus alunos. Interessante foi perceber que tanto os pesquisadores quanto os professores que trabalhavam diretamente com os alunos surdos não demoraram em sentir a necessidade de outras formas de olhar e de trabalhar suas questões. Nesse movimento, foi muito importante a entrada de pesquisadores surdos na universidade. Com a presença marcante dos surdos como pesquisadores e como sujeitos participantes de fóruns de discussão e de pesquisas na área de Educação no espaço da academia, aconteceram muitas mudanças. Além de possibilitar a formação de professores e de pesquisadores surdos, o NUPPES também gerava, na comunidade científica, na comunidade surda e naqueles que direta ou indiretamente se relacionavam com surdos, outras representações e outras verdades sobre esses sujeitos.

Skliar (2001), ao afirmar que os Estudos Surdos em Educação devem gerar reflexões orientadas em quatro níveis, mostra o desenho das produções feitas a partir da interface com outros estudos de fundo culturalista. Os níveis, para Skliar, são:

> [...] um nível de reflexão sobre os mecanismos de poder/ saber, exercidos pela ideologia dominante na educação dos surdos [...];
>
> um nível de reflexão sobre a natureza política do fracasso educacional na pedagogia para os surdos [...];
>
> um nível de reflexão sobre a possível desconstrução das metanarrativas e dos contrastes binários tradicionais na educação de surdos;
>
> um nível de reflexão acerca das potencialidades educacionais dos surdos que possa gerar a ideia de um *consenso pedagógico*. (SKLIAR, 2001, p. 15)

Considerando os níveis citados pelo autor e toda a articulação mantida com a comunidade surda e com os teóricos no campo da Educação, apresento boa parte dos temas que foram desdobrados em pesquisas dentro do NUPPES. São eles: a história da medicalização surda e do ouvintismo; as histórias escolares e do currículo na escola especial e de surdos; as produtivas oposições surdo/ouvinte na geração de políticas sociais e na comunicação; a produção dos surdos e da surdez na mídia; a invenção de práticas pedagógicas para o trabalho com surdos; a inclusão surda entre surdos e a inclusão surda entre ouvintes; o intérprete de língua de sinais; o trabalho na formação e na história surda; a comunidade e os elos identitários surdos; a língua escrita de sinais; a participação surda na sociedade, currículo e escola de surdos etc.

Vale fazer aqui um parêntese, a fim de esclarecer aquilo que Carlos Skliar começou a nomear como ouvintismo. Ouvintismo, para Skliar, pode ser entendido como

> [...] representações dos ouvintes sobre a surdez e sobre os surdos [...]. Trata-se de um conjunto de representações dos ouvintes, a partir do qual o surdo está obrigado a olhar-se e a narrar-se como se fosse ouvinte. (SKLIAR, 2001, p. 15)

Em outro texto, afirmo que

> [...] o ouvintismo pode ser colocado como um conjunto de práticas culturais, materiais ou não, voltadas para o processo de subjetivação do "eu" surdo. Essas práticas deixam marcas visíveis no corpo, assim como imprimem uma forma, um tipo de disciplina e de sujeição surda aos valores, padrões, normas, normalidade e médias ouvintes. (LOPES, 2002, p. 102)

Apesar de a história surda estar marcada por ouvintismos e de este conceito muitas vezes ultrapassar a relação binária ouvinte-surdo, proponho cuidado no uso de tal palavra. No Brasil a palavra "ouvintismo" foi utilizada para caracterizar toda a história de opressão "ouvinte" sobre os surdos. Embora a opressão "ouvinte" exista, entendo que "ouvintismo" foca e responsabiliza o ouvinte ou a pessoa ouvinte pela história de correção vivida pelos surdos. Hoje entendemos que não cabe apontar os ouvintes como culpados pela ouvintização surda, mas cabe entender a matriz em que a sociedade disciplinar e de correção está assentada. Isso significa que é preciso tensionar a norma da audição como imperativo na determinação do "normal ouvinte" e do "anormal surdo". Está na norma a determinação de quem é normal e anormal, e não nos sujeitos que a vivem e a materializam na relação com o outro. Portanto, a palavra "ouvintismo", por centrar no ouvinte a história de opressão, não dá conta da problematização da matriz disciplinar moderna que determina a norma da *audição* como imperativa. Por isso, talvez, usar a palavra "audismo" seja mais adequada quando quisermos marcar uma forma de vida organizada a partir da norma da audição. Tal forma de vida ultrapassa aquele que ouve e aquele que não ouve; ela está no princípio estruturante da sociedade disciplinar moderna que define a normalidade independentemente dos grupos sociais e da noção de pertencimento dos sujeitos que integram tais grupos.

Fechando o parêntese aberto acima, volto a focar o NUPPES. Diferentes pesquisadores integraram esse grupo. Alguns deles permaneceram no grupo, do início até seu término, em 2006; outros entraram durante a existência do grupo; outros, ainda, saíram e criaram outros grupos de pesquisa. Por exemplo, Ottmar Teske coordenou o Centro de Estudos Surdos na Universidade Luterana do Brasil (ULBRA); Ronice Quadros coordenou, na Universidade Federal de Santa Catarina (UFSC), o Grupo de Estudos Surdos, atualmente coordenado por Gládis Perlin. Além dos já mencionados fundadores do NUPPES, também compuseram o grupo: Elisane Rampelotto, Nídia de Sá, Gisele Rangel (pesquisadora surda), Wilson Miranda (pesquisador surdo), Mônica Dusso, André Reichert (pesquisador surdo), Lodenir Karnopp, Marianne Stumpf (pesquisadora surda); Carolina Hessel Silveira (pesquisadora surda), Ricardo Martins e Lizianne Batista Cenci.

| CAPÍTULO II

FLASHES DA HISTÓRIA DA EDUCAÇÃO E DA ESCOLA DE SURDOS

Considero interessante e produtivo pensar a história da educação de surdos a partir do exercício de separar leituras e de recordar histórias que eu mesma vivi há muito pouco tempo. Ao olhar para diversas produções que já contaram com muitos detalhes a história dos surdos, a história da surdez e a história da escola de surdos, tento dizer algo diferente e interessante para mim mesma e para meus leitores. Não quero ficar repetindo o que foi dito, mas não posso ignorar passagens importantes da história, mesmo que elas já tenham sido contadas por outros. Portanto, o que farei neste capítulo é trazer alguns *flashes* que permitam fazer pensar o presente da educação e da escola de surdos a partir de leituras e interpretações do passado.

Objetivo argumentar sobre como os surdos foram sendo institucionalizados e como a instituição escola foi interpelando-os e participando ativamente das identidades assumidas por eles no presente. Para os interessados em aprofundar leituras sobre a história surda, sugiro os trabalhos de Lulkin (2000), Skliar (1997b), Klein (1999), Rampelotto (1993), Souza (1998), Thoma (2002), Góes (1996), Brito (1993), Giordani (2003), Lunardi (2003), Mottez (2006), Botelho (1998) e Lane (1997), entre outros.

Mecanismos disciplinares e a engrenagem escolar para os surdos

Michel Foucault, ao problematizar a sociedade disciplinar, afirma que os mecanismos disciplinares, desde o século XVIII – quando atuavam de forma isolada sobre o indivíduo – e no século XIX – quando passam a atuar no coletivo da população –, vêm investindo no governo da população de distintas formas. Conforme o filósofo (1997), o disciplinamento foi uma das invenções que viabilizaram a Modernidade. Viabilizaram-na, entre outras formas, a partir da operação da disciplina sobre o eixo do saber e sobre o eixo do corpo (VEIGA-NETO, 2006). Os saberes articulados em distintos campos disciplinares, quando colocados em operação a partir de um conjunto de técnicas e práticas pedagógicas, não só submetem os indivíduos a descrições sobre seus comportamentos, corpo e desenvolvimento, como também os inventam. Estar sujeito aos saberes que descrevem e inventam e estar sujeito a si mesmo pela dependência do saber do outro é uma das condições para se viver na Modernidade. As disciplinas visam não somente aumentar as habilidades do corpo, aprofundar sua sujeição, como também formatá-lo dentro de uma relação que o torne obediente e útil.

Como uma das instituições de sequestro mais potentes da Modernidade, a escola constituiu-se no espaço mais eficiente para a educação, a vigilância, o controle, o disciplinamento e o enquadramento dos sujeitos, principalmente durante a infância. Para Kant (2002), as crianças devem ir para a escola o mais precocemente possível, pois a elas devem ser ensinadas as bases para que, em sua maioridade, saibam agir com consciência, disciplina e responsabilidade em seu meio social.

A disciplina, ao docilizar os corpos, ao mesmo tempo aumenta a utilidade de suas forças e diminui, em termos políticos, os investimentos sobre o seu controle. Tomando emprestadas as palavras de Foucault, a disciplina

> [...] dissocia o poder do corpo; faz dele por um lado uma "aptidão", uma "capacidade" que ela procura aumentar e inverte, por outro lado, a energia, a potência que poderia resultar disso e faz dela uma relação de sujeição estrita. (FOUCAULT, 1997, p. 119)

Diferentemente da educação empreendida na Modernidade e da ação disciplinar operante nela, a educação promovida pelos religiosos no século XIV voltava-se aos nobres e aos príncipes herdeiros, com a finalidade de dar-lhes condições de manter os bens da família. Skliar (1997b), falando da educação dos nobres na Espanha, menciona que dois dos irmãos do Conde de Castilha eram surdos, o que representava, na época, uma ameaça à sucessão no reino. Para comprovar a capacidade de os herdeiros surdos de Castilha assumirem seus compromissos e as posses que lhes eram confiadas por serem descendentes nobres, o pedagogo Pedro Ponce de Leon (1520-1584), monge beneditino, investiu esforços para que eles aprendessem e fossem capazes de mostrar a capacidade de suas faculdades mentais.

Era necessário que os filhos surdos de nobres aprendessem a falar, ler, escrever, fazer contas, rezar, assistir à missa e confessar-se mediante o uso da palavra oralizada. A palavra falada conferia a visibilidade necessária a um nobre, que servia de modelo a outros por sua educação e posição. Os procedimentos de controle do corpo e de "cura" da deficiência por meio de terapias da fala submetiam aqueles que eram surdos a um duro processo de "normalização" e de disciplinamento.

Conforme Sérgio Lulkin (2000), os descendentes de nobres eram julgados pela apropriação da palavra. Somado às demais exigências que se impunham à nobreza, isso legitimava o árduo trabalho de ensinar nobres surdos. Para esse autor,

> [...] os interesses religiosos, econômicos e jurídicos eram os promotores de uma educação que precisava ser demonstrada perante uma "oficialidade". Manter o trabalho em espaços reservados (mosteiros e conventos) implicava, eventualmente, convidar autoridades para atestar a qualidade e eficiência dessa educação feita de forma privada. (LULKIN, 2000, p. 50)

É importante mencionar que o Monastério de Oña, onde Ponce de Leon trabalhava com surdos oriundos da nobreza, atraiu muitos outros surdos. Destaca-se, entretanto, que os filhos surdos de famílias nobres, embora atraíssem a atenção de outros surdos, eram atendidos separadamente. Embora não se desejasse a formação de grupos surdos, esse foi um movimento que reuniu surdos em um mesmo espaço. Nesse grupo, os gestos que as crianças traziam de casa transformaram-se em uma forma de comunicação possível entre elas dentro daquele espaço educacional. Mesmo que tais gestos não sejam apontados na literatura como uma língua surda, eles podem e marcam um lugar surdo.

Meio século depois, Ramirez de Carrión dedicou-se à instrução de mais um jovem surdo da mesma família do Conde de Castilha. A família buscou também os conhecimentos de Juan Pablo Bonet, filólogo e soldado, para ensinar os surdos. Com Bonet, explica Skliar (1997b, p. 23), fica reconhecida a necessidade da individualização do ensino de surdos para evitar "possíveis distrações".

Uma das maiores preocupações dos instrutores de surdos nobres era a possibilidade de que cada surdo se aproximasse dos demais – aquilo que hoje se costuma designar por *aproximação surda*. Com isso, pretendia-se impedir eventuais articulações entre os surdos nobres e os demais surdos; afinal, a preocupação era manter, com o maior cuidado, a diferença entre esses diferentes, manter cada um em sua própria forma de ser, pensar, agir e produzir sentidos. Em outras palavras, tratava-se de manter cada um *na* e *com a* sua própria cultura...

Muito frequentemente, os filhos dos pobres eram recolhidos por instituições especiais de caridade. Elas é que deviam "doutriná-los". Segundo Alvarez-Uria e Varela,

> [...] o Concílio de Trento decreta que deverá existir um cônego em cada igreja catedralícia para instruir o baixo clero e os meninos pobres e que devem se fundar escolas anexas a tais igrejas destinadas a formar jovens menores de 12 anos – filhos legítimos e preferencialmente pobres – a fim de que possam se converter em modelares pastores de almas. (Alvarez-Uria; Varela, 1992, p. 71)

O processo educacional civilizatório pode ser entendido na separação progressiva do caráter educativo das instituições em dois tipos: instituições para pobres e instituições para nobres. À nobreza, confere-se a ciência; aos pobres, alguns conhecimentos que lhes possibilitarão ser servis. O caráter binário desse entendimento mostra uma lógica que avançou e se firmou profundamente na Modernidade. Trata-se de uma lógica hierarquizada em que uns, através do domínio do saber, articulam o poder de uma forma que "empalidece" a ação e as representações daqueles que, no campo de lutas das relações sociais, não conseguem se colocar com força suficiente para não ceder à dominação. O *outro*, aquele de quem necessitamos para podermos nos distinguir e para nos constituirmos como diferentes, passa a ser visto como um representante de uma categoria de sujeitos da qual devemos nos manter distantes para não nos tornarmos o *mesmo*.

Com a modernização do discurso pedagógico, a escola moderna apropria-se dos saberes científicos para, por exemplo, classificar a infância em fases de desenvolvimento e para representar a juventude como um período ora conturbado, ora poético, ora rebelde, ora promissor. Parece que, cada vez mais, o discurso está se sofisticando e firmando a necessidade da escola como o lugar que sabe educar e transformar sujeitos "selvagens" em seres humanos capazes de docilidade. A educação das crianças e dos jovens está de tal maneira voltada para a escola – pois não é ela que sabe o que é melhor para todos eles? – que as famílias se sentem desresponsabilizadas pela orientação de seus filhos.

Confiar a educação dos filhos à escola não é uma prática recente. Desde o século XVIII, mediante o sistema de internato, as famílias passavam parte de seu compromisso com a educação dos filhos para as escolas. As famílias de surdos encontraram no sistema de internato uma forma de garantir o desenvolvimento dos filhos, bem como de propiciar-lhes um ambiente estimulador e cercado de cuidados com sua saúde. A surdez, entendida como um problema de saúde, castigo ou algo a ser corrigido, era tratada de forma a minimizar seus efeitos aparentes, fazendo-se os sujeitos surdos falarem como se fossem ouvintes.

Em crônicas do século XVIII, há interessantes relatos que mostram o quão era considerada misteriosa a educação de surdos, principalmente no que se referia aos métodos de ensino cujo objetivo era a sua aprendizagem em geral e, especialmente, a sua oralização. Devido à ênfase dada à oralização e à normalização dos surdos, nem se cogitava formar uma turma somente de alunos surdos, pois o risco de que eles resistissem aos tratamentos e aos métodos de ensino e oralização era algo ameaçador.

Lembro que o conhecimento daquilo que era bom para a educação de surdos, os tipos de métodos utilizados, a oralização e a exposição a grandes plateias reunidas para vê-los falar não era uma posição unânime entre os especialistas e as famílias do século XVIII e XIX. Mesmo não havendo unanimidade, predominavam as decisões e opiniões dos religiosos defensores da palavra falada, entendida como modalidade única, comum e obrigatória para estabelecer a comunicação com os surdos. Tal situação perdurou do século XVII até quase todo o século XX.

Entre os autores que trataram com mais afinco a educação de surdos, sobressai o abade francês Charles-Michel de l'Épée. Por volta de 1760, ele funda em Paris a primeira escola pública para surdos, instituindo o ensino coletivo. A educação de surdos feita por l'Épée funcionou como condição de possibilidade para que muitos surdos se articulassem numa comunidade surda e para que a modalidade linguística desse grupo pudesse ser reconhecida como uma forma de comunicação e um métodode aprendizagem.

Cruzando-se com a articulação surda, estavam outros discursos que tomavam outras formas para si ao serem colocados como aspectos centrais à educação de surdos no Instituto Nacional de Jovens Surdos de Paris, idealizado por l'Épée e geralmente referido apenas como Instituto de Paris. Klein (1999), ao tratar do trabalho, na história da escola para surdos, transcreve as palavras-chaves do Sistema de Ensino de Surdos-Mudos daquele Instituto parisiense. Tais palavras ressurgiram por ocasião da comemoração dos 200 anos de fundação da instituição. São elas:

> [...] religião, fala artificial, língua escrita, arte de desenho, profissões, ginástica, linguagem de ação, moral, todas essas palavras cercando uma outra que está no centro – dactilologia. (KLEIN, 1999, p. 29)

Além de uma modesta articulação de um discurso surdo, fundado na diferença surda que começava a se configurar, são visíveis os discursos religiosos, pedagógicos, profissionais, linguísticos e clínicos sobre a surdez.

Olhando hoje para a iniciativa de l'Épée, vemos que a institucionalização da educação dos surdos, embora na época tivesse como objetivo maior o ensino da língua francesa, constituiu parte da cultura surda, tão defendida pela comunidade surda atual e pensada por pesquisadores voltados para a temática dos surdos dentro de uma perspectiva cultural. O campo de disputas de diferentes discursos que se entrecruzavam na instituição de l'Épée representa quanto o poder pode ser produtivo quando visto como não fixo, não predeterminado às relações, ao lugar e aos sujeitos.

O método de l'Épée consistia em ensinar sinais que correspondiam a objetos específicos e mostrar desenhos quando queria que os surdos compreendessem algumas ações, depois procurando associar o sinal com a palavra escrita em francês. Quando não havia um sinal para expressões abstratas, l'Épée buscava diretamente na visibilidade da escrita uma explicação. Diferentemente da compreensão da língua de sinais estabelecida e utilizada pelos surdos quando estão próximos de outros surdos, os métodos do abade encerravam a operacionalização da aprendizagem. Souza, ao pensar a história pelos olhares da pedagogia e, mais especificamente, quando resgata o trabalho de l'Épée, explica seu método dizendo que "a repetição e a memorização eram partes necessárias do processo de ensino: a mente deveria ser fartamente impregnada por idéias" (SOUZA, 1998, p. 149).

Como a educação escolar dos surdos voltava-se para o desenvolvimento cognitivo, sua avaliação, criada pelos especialistas, também se destinava a medir conteúdos. Os surdos eram obrigados a demonstrar publicamente seus conhecimentos por meio de exames anuais que respondiam em francês, latim ou italiano. No exame, conforme menciona Skliar (1997b), além de responderem a 200 perguntas sobre religião, os surdos faziam sinais de 200 verbos, devendo desenvolver a conjugação de qualquer um deles; além disso, lhes era cobrado o domínio de adjetivos, substantivos, preposições, pronomes e conjunções.

Na esteira de Foucault (1997), o exame pode ser entendido como uma prática que articula saberes, vigilância, práticas de sanção e de correção e normalização. Tanto toma os indivíduos como objetos quanto objetiva e dá visibilidade àqueles que a ele são submetidos. A escola "torna-se uma espécie de aparelho de exame ininterrupto, que acompanha em todo o seu comprimento a operação do ensino" (FOUCAULT, 1997, p. 155). A escola, tornando-se um local de elaboração da pedagogia, criando um conhecimento documentado sobre os casos individuais de estudo, não só legítima o saber docente, como também marca o início de uma pedagogia que funciona e é legitimada como científica.

Os surdos, conforme apresentei anteriormente, ao serem submetidos a exames públicos, tornavam-se objetos de investigação, de curiosidade e de informação. O poder operando sobre cada indivíduo transforma cada um em um caso que pode ser medido, comparado, exibido, descrito, classificado, excluído e normalizado.

A demonstração dos conhecimentos do especialista sobre a surdez legitimava-o perante as luzes da Modernidade e tornava os sujeitos surdos capazes de serem normalizados – tanto que os alunos surdos de l'Épée tornaram-se professores de outros surdos, servindo ao propósito de virem a ser modelos referenciais de uma razão iluminista. Articulada com esse propósito iluminista, está uma forma de resistência surda. Ao ocuparem o lugar de professores de surdos, os indivíduos surdos serviam de referenciais para a articulação e identificação surda que, até há pouco tempo, era impossibilitada de se desenvolver devido ao caráter individualizado dado a esse processo de ensino.

Ao trazer a história da rotina dos alunos surdos no Instituto de Paris, Klein (1999) coloca em evidência as técnicas disciplinares desenvolvidas com o objetivo de regular os corpos surdos de acordo com os interesses e as demandas da nascente industrialização europeia. Wrigley (1996) salienta que o processo de disciplinamento dos corpos, de acordo com as práticas institucionais, produziu novos sistemas de ordenamento dos grupos e de identidades surdas, visando a colonizar esse grupo subalterno (surdos) ao bem comum. Segundo esse autor, os métodos de vigilância, a programação do tempo, a regimentação e ritualização da vida e o controle inflexível do corpo em ação ou em repouso, todos utilizados em larga escala ao longo do século XIX, encontram-se presentes até os dias de hoje e estão visíveis nas atuais abordagens de educação das crianças surdas.

A visibilidade da surdez através do uso de gestos serviu à normalização dos sujeitos; simultaneamente, serviu também para que os surdos começassem a tecer na mesma trama alguns elementos constitutivos daquilo que, mais tarde, passou a se chamar cultura surda. Parafraseando Wrigley (1996), é no final do século XVIII que a surdez se torna um espaço de cultura e, por isso, de interesse para uma reflexão de cunho filosófico.

A educação de surdos dentro de um grupo de surdos passa a ser produtiva e a gerar outros discursos que exigem olhares diferentes sobre a formação, o corpo e a língua surda. Tais discursos, quando articulados com narrativas de incapacidade, limites, libertação e confessionalidade, tomam configurações e estruturas diferentes que exigem outros comportamentos e posturas pedagógicas. Isso não significa, certamente, que com a circulação desses discursos se abdique do poder que os mantém narrando e inventando o surdo.

A modernização dos discursos, das técnicas de disciplinamento e de controle do corpo surdo fica visível quando a submetemos à genealogia de suas ações. Observa-se também a ação modernizada e sofisticada dos discursos e dos enunciados religiosos que hoje constituem as escolas confessionais para pessoas surdas.

No Brasil, a educação de surdos deu-se sob influência direta do Instituto de Paris. A primeira escola de surdos brasileira surgiu em 1857, no Rio de Janeiro. Ela foi fundada por um professor surdo, ex-diretor do Instituto de Paris, chamado Hernest Huet. O Instituto Nacional de Surdos contou com o apoio de Dom Pedro II e desenvolveu-se com um forte acento na caridade e na benevolência. De acordo com Klein (1999) – reportando-se a um pronunciamento do médico e educador carioca Joaquim José Menezes Vieira, publicado no livro de Atas e Pareceres do Congresso da Instrução do Rio de Janeiro, de 1884 –, apenas a partir do terceiro diretor é que esse acento teria sido alterado. Passou-se a dizer que, quanto às situações de ensino, aqueles "infelizes" possuíam condições iguais às dos falantes. Muitas mudanças ocorreram no antigo Instituto Nacional de Surdos; entre elas, na década de 1930, o local passou a ser chamado de Instituto Nacional de Educação de Surdos – INES.

Em termos pedagógicos, as práticas que anteriormente ao século XIX eram proibidas às crianças devido à expressão do corpo – vistas como um estímulo ao desenvolvimento de uma sexualidade desviante (FOUCAULT, 1997), tais como festas, exercícios, danças e jogos –, agora passam a ser vistas como "formadoras do espírito". Elas foram modernizadas e passaram a integrar as metodologias escolares. Cada vez mais, podemos perceber o deslocamento histórico de uma educação impositiva e dominadora – colocada em marcha por práticas não raro até mesmo violentas – para uma educação que passa pela negociação de verdades e de possibilidades de caminhos para cada um se educar.

Afirmar que houve um deslocamento nas práticas educativas e que elas passaram a ser feitas de forma não visível não significa dizer que antes elas eram escondidas de todos, mas sim que foram aceitas e incorporadas por todos; cada vez mais, essas novas práticas, mais sutis, foram sendo vistas como práticas naturais e necessárias para a educação surda. O controle deixava de ser externo, com a interferência direta e infalível da educação institucionalizada, e passava a ser internalizado em cada um. O novo sujeito da educação é aquele capaz de deixar-se guiar por sua "consciência". Prisioneiro de si, o surdo reivindica sua "liberdade" e seu "direito" de narrar-se como diferente. Sua alma moderna é disciplinada, o que permite à família, à clínica e à escola, instituições criadoras e disseminadoras de sentidos, se ausentarem da cena depois que intervieram e cumpriram seu papel (LOPES, 2004). Nesse sentido, a comunicação é fundamental para o engenho da alma (FOUCAULT, 1997). É por ela, em suas mais diversas materialidades, que o indivíduo pode tornar-se sujeito a si mesmo e sujeito aos outros.

Para disciplinarmos a alma, precisamos vigiar o corpo, constante e cuidadosamente. A vigilância das instituições sobre os sujeitos e os seus corpos dificultava a articulação dos surdos em grupos surdos, bem como impedia que as eventuais manifestações indesejáveis do corpo se dessem fora do olhar atento das instituições autorizadas a educá-los.

Por utilizar uma língua visoespacial, por ter como referência o corpo e suas expressões, o surdo passava por fronteiras sensíveis entre a aceitação da linguagem gestual,[1] vista como recurso de aprendizagem, e a sua completa negação. No século XX, não está mais na expressão do corpo o problema da aceitação do surdo; inclusive, a expressão do corpo é um dos elementos divulgados para caracterizar a cultura surda. O controle está sobre a sexualidade infantil vista "por debaixo das pequenas anomalias de todos os dias" (FOUCAULT, 1997, p. 66).

---

[1] O termo "linguagem gestual" está sendo utilizado aqui com a finalidade de marcar a ausência de referenciais que dizem da existência de uma língua surda. Admitiam-se gestos, mas estes eram vistos pelos ouvintes que educavam surdos como um meio de fazê-los melhor aprender os conceitos ensinados pela escola.

Na Modernidade, esse é aparentemente um impasse resolvido. A escola parece aceitar o corpo como expressão, porém seus mecanismos de controle estão cada vez mais sutis. Ela dá visibilidade às manifestações do grupo e aos surdos. O que antes era proibido, agora se torna declarado. A escola de surdos dá visibilidade ao corpo surdo, enquanto discursos liberais criam teorias e recursos que enunciam a incapacidade surda por meio da afirmação da sua (d)eficiência. O que antes era imposto, agora tem um ar de negociação e orientação técnico-científica do olhar. As famílias – algumas ou talvez muitas – apelam para conhecimentos dos campos da Psicologia, da Psicopedagogia e da Educação Especial para educar seus filhos. Todos os especialistas parecem estar convencidos, quando se encontram na escola especial, de que todos os surdos devem usar a língua de sinais, devem participar de atividades organizadas pela instituição, devem trabalhar e mostrar o desenvolvimento do "potencial surdo". E, atravessados nos discursos da aceitação e do desejável bom desempenho escolar, estão outros discursos em constantes tensionamentos e desdobramentos.

A dificuldade da escola, quando assumiu o surdo como um sujeito cultural, mesmo tendo uma visão restrita e resistente ao tentar definir o que está constituindo a cultura surda, está em articular, colocar em circulação, controlar e disciplinar uma nova ordem para os discursos que enunciam a surdez e os sujeitos surdos.

A recusa às práticas ouvintistas e a resistência surda

Na história da surdez, constata-se que o enfoque principalmente clínico-reabilitador impôs-se durante muito tempo a quaisquer outros. De certa maneira, ele dificultou a compreensão da surdez fora de uma lógica normalizadora. Mesmo assim, os próprios surdos resistiam às práticas ouvintistas – de correção e normalização – cujo suporte era dado justamente pelos saberes daquele enfoque clínico-reabilitador. À medida que outros saberes se articularam fora do registro terapêutico, eles funcionaram como base epistemológica, agora capazes de acolher, fundamentar e estimular os até então dispersos movimentos surdos. Assim, esses outros saberes – principalmente nos campos da Antropologia, da Pedagogia, dos Estudos Culturais, da Sociologia –, ao inscreverem a surdez em outro registro, o registro culturalista, contribuíram politicamente em favor daquelas resistências surdas às práticas ouvintistas.

As posições que compreendem e sublinham a surdez como deficiência são produzidas no cotidiano por aqueles que

- olham para a surdez e para os surdos a partir de uma posição ouvintista. O que fazem para "imaginar-compreender" esse "outro" é projetar-se para seu lugar, mas sempre carregando suas próprias significações de ouvintes;
- olham a surdez como uma falta, um dano, um prejuízo à normalidade ouvinte;
- olham a surdez como a ausência da fala. "Não ter a fala" pressupõe, em uma sociedade oral, a mudez; dito de outro modo, pressupõe "ausência" de pensamento ou, pelo menos, pressupõe que o surdo não tem o que dizer;
- por conhecerem um surdo, generalizam seus comportamentos e saberes para todos os surdos. Por exemplo, se a pessoa conhece um surdo que fala e faz leitura labial, parte do pressuposto de que todos os surdos podem falar;
- olham o surdo como se ele fosse um estranho, um estrangeiro;
- consideram a surdez uma condição que coloca os surdos em um mundo à parte, às vezes indesejável porque desviante;
- olham a surdez como a "presença de algo" que, quando "atravessado" por um grupo surdo ou por uma comunidade surda, passa a ser uma materialidade cultural.

Rompendo com as interpretações e os usos fundados em bases clínicas e em bases que a declaram uma anormalidade, a surdez, vista como presença de algo (e não a falta de algo), possibilita outras formas de significação e de representações de surdos. Tais representações podem colocar os surdos dentro de quadros e contextos sociais que acabam tomando, para si, traços identitários demarcados por diferenças culturais. Nesse caso, trata-se de traços que – diferentemente das representações médicas que demarcam a falta da audição – *frisam a surdez como a presença do olhar*.

O olhar aqui não toma o sentido de visão ou de ação de olhar, mas de expressão do sentir-se surdo, ou seja, expressão de uma posição de sujeito que se vê e se narra dentro de uma experiência vivida em um grupo particular. O caráter comunitário implicado no olhar surdo posiciona os sujeitos nas tramas da experiência que os fazem desenvolver sentimentos de pertencimento a um grupo surdo e de não pertencimento a outros grupos que não têm a surdez como uma condição determinante de ser surdo.

Não se trata, portanto, de simplesmente negar a surdez para começarmos a fazer um discurso da diferença surda; trata-se de pensar outras formas de significação que permitem a criação de elos entre semelhantes. É preciso compreender que uma distinção cultural sempre passa pela diferença. No interior dos jogos de significação, tal diferença possibilita encontrar semelhanças entre sujeitos – semelhanças produzidas na história por meio de movimentos, muitas vezes desordenados e imprevisíveis, de resistência surda.

Ao se organizarem, os surdos lutam e resistem aos modelos dos saberes e à própria ordem dos discursos oficiais. Os movimentos surdos em prol da conquista de um espaço surdo, dos direitos de os surdos terem uma língua e de serem reconhecidos como um grupo cultural acentuaram-se, no Brasil, a partir da década de 1990. Eles são um exemplo significativo de um tipo de resistência que está se dando no campo da Educação. Nesses movimentos de resistência, os saberes dos surdos vão colocando em questão os saberes oficiais que dizem da surdez e da educação de surdos. Varela (1995), discutindo os saberes que se articulam nos movimentos de resistência, afirma que tais saberes são descentrados, polimorfos e fragmentários.

Klein (1999), ao escrever sobre a resistência da comunidade surda aos movimentos totalizantes e ouvintistas, diz que os surdos mostram suas articulações e resistências de muitas formas: tanto nas lutas a favor da língua de sinais e nos matrimônios surdos, quanto na criação de associações de surdos.

As resistências que a autora traz para a sua reflexão podem ser lidas nas inúmeras narrativas surdas que Vânia Chiella (2007), em sua dissertação de mestrado, nos mostra ao problematizar, a partir de textos escritos por sujeitos surdos, as marcas que constituem a cultura surda. Nas numerosas narrativas surdas citadas e estudadas por Chiella, lê-se a necessidade de o surdo estar junto com outro surdo, de o surdo negar-se a fazer terapias de fala, de ele reivindicar o direito a estar e a estudar em uma escola de surdos. Muitos mostram-se indignados em relação àqueles seus pares (os "outros surdos") que parecem não ter mais vontade de fazer reivindicações políticas que beneficiariam as comunidades surdas. As narrativas surdas apresentadas e analisadas por Chiella trazem fortemente marcado o desejo dos grupos surdos de construírem e manterem coesa, para si mesmos, uma determinada identidade surda.

É nessa fusão entre representação, identidade e poder que adquirem importância as políticas de identidade. Para Silva, é preciso compreender que "a identidade é política, que a representação é política, os diferentes grupos sociais e culturais, definidos por meio de uma variedade de dimensões (classe, 'raça', sexualidade, gênero etc.), reivindicam seu direito à representação e à identidade" (SILVA, 1999, p. 48).

Quando menciono a "utilidade" desses movimentos para a escola, quero salientar que a escola de surdos necessita reconfigurar suas pedagogias para poder continuar existindo na atualidade. A invenção de um discurso sobre o surdo veio a ser essencial na história, pois a surdez passou a servir como justificativa para a elaboração de propostas de outros saberes.

Esses outros saberes viram a possibilidade de definição de novos caminhos de intervenção não só na surdez, como também na educação de quem a "porta". Nessas representações, a surdez e os surdos são explicados cientificamente e localizados de acordo com as regras e os padrões morais e axiológicos do recorte social a que pertencem.

A pessoa "deficiente auditiva" é a base para a existência teórica da educação especial, assim como é a base para a construção de "teorias" sobre a incapacidade de ouvir e sobre como ensiná-la – no caso, leia-se corrigi-la. Os discursos clínicos, visivelmente conectados com os discursos pedagógicos, enunciam a deficiência auditiva e definem pedagogias ditas "especiais". Tais discursos, quando colocados no mesmo espaço de invenção curricular, muitas vezes entram em fortes tensionamentos com aqueles discursos que negam a deficiência e inventam a surdez como uma condição, possibilidade, traço ou significação cultural surda.

Argumento que diferentes pedagogias que se dão na escola especial para surdos servem, entre outras coisas, tanto para frisar a surdez como uma deficiência ou algo exótico quanto para explicitar a articulação e capacidade surda de criar uma cultura surda. Os muitos sentidos e significados que constituem o espaço escolar chamado de especial e/ou de surdo são constituídos em meio a efeitos que remetem à elaboração de novos discursos sobre os surdos; esses discursos, entretanto, nem sempre parecem romper com os efeitos que subjugavam os surdos em posições tidas como menores.

Diante dos movimentos de inclusão de surdos em escolas de ouvintes, aqueles estão resistindo a serem separados de seu grupo surdo. É bem sabido o quanto os surdos mantêm-se unidos em associações de surdos, em grupos e reuniões de igreja e em escolas específicas. Dentre todos esses espaços, a escola parece se constituir como o *locus* principal e mais produtivo de articulação e resistência cultural. Assim, é nela e por ela que os movimentos surdos parecem ganhar mais notoriedade e força política. Isso é tão mais fácil de compreender quando se compreende que a escola é, por excelência, a maquinaria na qual se articulam o saber e o poder. É no espaço escolar que estão em jogo os poderosos mecanismos de atribuição e imposição de sentidos, de definição e normalização de determinadas identidades, de hegemonização de determinadas práticas culturais, de circulação dessas ou daquelas políticas de identidade.

Silva diz que, por meio da "política de identidade", os grupos subordinados contestam precisamente a normalidade e a hegemonia dessas identidades. Ainda conforme Silva,

> [...] nesse terreno contestado, as identidades "reprimidas" reivindicam não apenas seu acesso à representação, mas, sobretudo, seu direito a controlar o processo de sua representação. Ironicamente, entretanto, no regime dominante de representação, a identidade dominante é a norma invisível que regula todas as identidades. [...] identidades que, por funcionarem como norma, não aparecem como tais. (SILVA, 1999, p. 49)

A identidade surda, entendida como uma conquista de economias discursivas (WRIGLEY, 1996), não pode ser vista como algo essencial, como algo em que a diferença possa ser considerada um atributo natural do surdo. As diferenças não são naturais, tampouco próprias no sentido anteriormente referido; elas são construídas socialmente. A identidade "deficiente auditivo" requer um aparato clínico e professores ouvintes para trabalhar com os sujeitos surdos; tal identidade é sempre uma identidade marcada pela falta. Ao contrário dessa, a identidade "surdo" é sempre uma identidade "combativa", "reativa", de "minoria", de luta.

Se considerarmos as muitas escolas espalhadas em diferentes estados brasileiros, bem como o momento histórico vivido pelos surdos no que se refere ao reconhecimento nacional de sua diferença e da língua de sinais, muitas práticas ouvintistas, sustentadas na norma audista, ainda estão em curso nas escolas de surdos. Isso é assim até mesmo naquelas escolas que se dizem acolhedoras da diferença cultural dos surdos e que pretendem desenvolver um currículo surdo. A permanência de tais práticas ou a insistência em sua manutenção exige, da comunidade surda, um olhar atento às relações estabelecidas no espaço onde os surdos estão. Exige, também, constantes movimentos de luta e de ressignificação das experiências que os surdos vivenciam no interior dos espaços de normalização e de correção, aí incluídas aquelas escolas.

Entre as muitas mudanças ocorridas nos modos de falar sobre a surdez e sobre os surdos – com a entrada do registro culturalista em cena –, aponto algumas que, a meu ver, estão associadas a novas práticas (discursivas ou não) que envolvem as pessoas surdas. Primeiro, refiro-me à invenção da necessidade da presença surda como referência cultural e linguística dentro da escola. Segundo, há a possibilidade de os surdos articularem-se em movimentos surdos em prol da conquista de seus direitos. Terceiro, refiro-me à articulação surda vista como resistência no campo de lutas do currículo escolar. Tais mudanças acabam por ocupar o interesse de especialistas que, como eu, lutam pelo reconhecimento dos surdos como um grupo cultural. Um grupo cultural que não possui um espaço geográfico para acontecer e que não possui um lugar de chegada onde suas lutas pelo permanente reconhecimento de sua diferença possam um dia cessar. Ser surdo é viver permanentemente reivindicando um outro olhar do outro sobre si e viver permanentemente suspeitando de seu próprio olhar sobre si mesmo.

A língua de sinais e a escola de surdos

Pensar a educação de surdos implica problematizar os processos linguísticos nos quais ela tem se constituído ao longo da história dos surdos e da surdez. Nas seções anteriores, abordei aspectos gerais que podem localizar os leitores na história surda. Aqui, abro um espaço particular para que a língua de sinais possa ser tematizada e localizada no cenário educacional e político brasileiro.

Brito (1993), em seu livro *Integração social & educação de surdos*, ao comentar 13 anos de investigações de um grupo de pesquisadores do Rio de Janeiro, diz que foi na

Universidade Federal do Rio de Janeiro que os estudos sobre a língua de sinais mais se desenvolveram. A autora afirma que, no Brasil, é muito complexa a situação dos surdos e que existem pelo menos duas línguas de sinais no país. Uma delas teria sido desenvolvida em uma tribo indígena na selva amazônica e a outra seria a Língua Brasileira de Sinais usada em outras regiões e centros urbanos.

A Língua de Sinais Brasileira Kaapor (LSKB), criada na tribo dos Urubus-kaapor, é utilizada por todos os componentes daquela comunidade. Os ouvintes utilizam tanto a língua falada quanto a sinalizada; portanto, vivem uma condição bilíngue. Os surdos, quando não possuem resíduo auditivo, usam apenas a língua de sinais e são monolíngues. Pelo que diz Brito (1993), a Língua Brasileira de Sinais usada nos centros urbanos não parece se relacionar com a Língua Brasileira de Sinais Kaapor. Não parece haver semelhanças ou trocas entre elas.

Ao apontar a necessidade de a minoria surda (que reside em centros urbanos) ter de aprender o português, Brito (1993) ressalta que a diferença entre essa minoria e os Urubus-kaapor está em que os surdos urbanos vivem imersos em um mundo oral e grafocêntrico, enquanto os índios Kaapor não são a minoria e compartilham de uma cultura oral e gestual-visual. Nas palavras da autora,

> [...] uma língua não pode ser criada artificialmente. A LSKB não foi feita por educadores ou por padres. E se a LSCB [língua de sinais dos centros urbanos] sofreu influências, através de educadores franceses, isto não significa que tais pessoas tenham elaborado a LSCB para nossos surdos. A língua de sinais já existia nos centros urbanos em que os surdos viviam, mesmo antes de Huet chegar ao Brasil. (BRITO, 1993, p. 5)

O que quero marcar, ao trazer a citação acima, é que a língua de sinais dos centros urbanos (LSCB) teve uma grande circulação entre ouvintes, que a ressignificaram conforme os saberes de sua época. Tais atravessamentos acabaram colocando os sujeitos surdos em determinadas posições em nossa sociedade, a partir dos significados atribuídos à surdez. A língua de sinais, certamente expressão maior da cultura surda, acabou sendo considerada pelos especialistas, principalmente da área da saúde, como um conjunto de gestos limitados para a comunicação. A partir de tal leitura, baseada em uma ideia de normalidade ouvinte, os surdos foram sendo submetidos a processos de normalização que deixaram marcas profundas em suas vidas. Tais processos, orientados a partir de distintas compreensões filosóficas acerca da educação – *Oralismo* (O), *Comunicação Total* (CT) e *Bilinguismo* (B) – e articulados às pedagogias *disciplinares, corretivas, psicológicas* (VARELA, 1996) e de *vigilância* (LOPES, 2006), acabaram produzindo verdades sobre os surdos a partir das ações desencadeadas na escola, na família e nas clínicas de fonoaudiologia. Penso que, mesmo breve e esquematicamente, vale trazer os conceitos de cada uma das filosofias de educação de surdos mencionadas acima.

Conforme Góes (1996), o *oralismo* consagrou-se no final do século XIX e está presente nos dias de hoje. Porém, mesmo antes que o predomínio de tal filosofia tivesse orientado os olhares dos especialistas sobre os surdos (nos séculos XVI, XVII e XVIII), os surdos eram vistos como incapazes de comunicação e, portanto, incapazes de pensamento – condições atribuídas ao humano. O acesso à relação comunicativa com o outro, pela descrença em sua capacidade humana, era-lhe negado. É fácil compreendermos que daí resultou o entendimento de que a condição de animalidade colocada para os surdos relegava-os a posições de anormalidade.

Decorrentes de tal filosofia, muitos foram os métodos criados para que os surdos pudessem perseguir um ideal ouvinte. Nas palavras de Góes:

> Nessa proposta, embora haja naturalmente variações nos procedimentos pedagógicos (que podem se classificar, amplamente, em unissensoriais ou multissensoriais), os esforços educacionais são apoiados, de forma exclusiva, no uso da língua majoritária (isto é, do grupo majoritário ouvinte), que deve ser o objeto privilegiado do ensino e o meio para a organização das atividades curriculares geral. (GÓES, 1996, p. 40)

Muitas foram e têm sido as críticas feitas ao oralismo, inclusive de ele ter sido uma das concepções que mais contribuíram para o fracasso da educação de surdos e do projeto de incluí-los na sociedade ouvinte. Devido ao limite da comunicação, pela impossibilidade surda de conseguir apropriar-se da língua portuguesa, os sujeitos surdos foram vistos como incapazes e considerados pessoas que, devido à surdez, apresentavam déficit cognitivo e dificuldade de socialização.

Além das críticas expostas acima, talvez a maior crítica que possamos fazer aos oralistas seja quanto aos esforços que eles empreenderam visando à transformação do surdo em alguém capaz de comunicar-se como um ouvinte comunica-se usando a língua portuguesa. Violência e poder marcam a história surda nos tempos em que o oralismo imperava como filosofia da educação dos surdos.

Aqui, sigo Veiga-Neto quando ele, na esteira dos estudos foucaultianos, propõe uma distinção forte entre violência e poder: ambos "podem ser compreendidos como modalidades de relações de dominação [...] tais modalidades são qualitativamente – e não quantitativamente – diferentes uma da outra" (VEIGA-NETO, 2006, p. 17). Para aquele autor, existe relação de dominação sempre que uma das partes, na relação, quer trazer a outra para o seu domínio, para a sua "casa". Isso, em si mesmo, nada tem de ruim, de condenável; para Veiga-Neto – nesse ponto, seguindo Hannah Arendt –, a educação está sempre e necessariamente implicada em relações de dominação. Afinal, guiar alguém significa conduzir por domínios e caminhos já trilhados, ou pelo menos conhecidos, por aquele que guia. Assim, a educação não é, em si mesma, nem boa nem má; qualquer julgamento de valor sobre a educação, sobre os objetivos e processos das ações educativas, dependerá sempre do domínio a que se quer conduzir os educandos.

A partir desses entendimentos, Veiga-Neto diz:

> Assim como a violência difere do poder pelas respectivas racionalidades, a ação punitiva violenta difere da ação punitiva poderosa não pelas suas intensidades relativas,

mas sim pelas lógicas segundo as quais cada uma opera. Enquanto o poder disciplinar faz de uma punição uma ação racional, calculada e, por isso, econômica, a violência faz de uma punição uma ação cuja racionalidade é de outra ordem e que, não raro, beira a irracionalidade. Isso não significa que a violência não siga nenhuma racionalidade. Ela se pauta, certamente, por algumas lógicas; muitas vezes, ela consegue "dar razões para". Mas diferentemente do poder – cuja racionalidade, como já referi, pode ser detectada para bem além da própria relação de dominação –, a eventual racionalidade envolvida numa relação violenta esgota-se na própria relação. (VEIGA-NETO, 2006, p. 29)

Desse modo,

> [...] enquanto o *poder dobra* – porque se autojustifica e negocia e, com isso, se autolegitima –, a *violência quebra* – porque se impõe por si mesma. Enquanto aquele se dá agonisticamente, essa se dá antagonicamente. Um se dá com algum consentimento e até mesmo com sentimento das partes envolvidas; a outra se dá sem consentimento e contra o sentimento da parte que a sofre. (VEIGA-NETO, 2006, p. 29)

Para aqueles menos familiarizados com os estudos foucaultianos, talvez pareça estranho tomar o poder como uma modalidade não violenta da dominação. Até mesmo na obra de Foucault tal entendimento, às vezes, parece um tanto ambíguo.[2] Uma parte dessa dificuldade e dessa (aparente) ambiguidade deriva do fato de que, em termos práticos, é difícil encontrarmos situações de "pura violência" ou de "puro poder". Logo adiante voltarei a essa questão. Por outro lado, o senso comum e boa parte das teorizações estruturalistas sobre o poder e a violência entendem ambos como partes de um *continuum*, no qual aquilo que varia é a intensidade das ações. Segundo algumas dessas teorizações, no polo em que a intensidade de dominação seria máxima, estaria a violência; no polo de

---

[2] Os interessados poderão encontrar uma discussão detalhada dessa questão em Veiga-Neto (2006).

intensidade de dominação mínima, estaria o poder. Muitos definem a violência como uma exacerbação do poder. Em termos foucaultianos, a questão é bem outra...

Mais uma vez, trago Veiga-Neto, a fim de deixar mais claro o entendimento que me parece mais útil e acurado para tematizarmos e compreendermos boa parte do que se passa na educação dos surdos, segundo a proposta oralista. Ao discutir a racionalidade intrínseca das relações de poder – em contraste com a racionalidade extrínseca (quando alguma racionalidade houver...) das relações de violência –, assim explica Veiga-Neto:

> Tal racionalidade é assumida tanto por aquele(s) que se situa(m) – ou pretende(m) se situar – numa posição vantajosa na relação quanto por aquele(s) que se situa(m) – ou talvez melhor: são levados a se situar – no "outro lado". A suposição de uma racionalidade própria, intrínseca, numa relação de poder remete ao fato de que o(s) saber(es) funciona(m) necessariamente como operador(es) nesse tipo de relação, de modo que não deveremos chamar de relação de poder senão aquelas que se colocam em movimento mediante saberes e se sustentam graças a determinados tipos de saberes. (Veiga-Neto, 2006, p. 21)

Como referi um pouco antes, é claro que, no cotidiano de nossas práticas, poder e violência imbricam-se mutuamente: combinam-se, articulam-se, reforçam-se. No cotidiano escolar, por exemplo, dificilmente violência e poder são detectados em "estado puro". Mesmo assim, essa distinção forte proposta por Veiga-Neto torna-se muito útil para examinarmos e compreendermos as diferentes estratégias de dominação que estão sempre em movimento nas práticas pedagógicas. Além disso, tal distinção serve para vermos e compreendermos que até mesmo algumas ações pedagógicas, que parecem inocentes e ingênuas quando examinadas com as lentes de outros referenciais, podem estar colocando em funcionamento poderosas engrenagens de dominação e mesmo de subordinação.

Como nos ensinou Michel Foucault, sendo preciso guiar aquele que se quer dominar/"trazer-para-o-domínio-de", o poder – principalmente o poder disciplinar – será a modalidade de dominação mais econômica e efetiva, visto que ele sempre mobiliza determinados saberes, a fim de melhor conduzir e controlar as ações, os comportamentos e a "alma" dos que a ele estão submetidos.

Seguindo essa perspectiva, é fácil compreender que, na lógica do oralismo, a vigilância e o controle exercidos sobre os sujeitos surdos eram (e continuam sendo...) feitos de forma sofisticada. As muitas estratégias criadas para que os surdos pudessem manter e exercitar sua capacidade de leitura orofacial, distantes de outros sujeitos surdos que pudessem colocar em risco todo o investimento na correção, visavam a garantir o êxito dos métodos aplicados para subordinar os surdos àqueles que eram apontados como conhecedores do que era melhor para eles. A dominação, exercida tanto na forma de poder quanto na forma de violência, tinha como alvo o corpo do indivíduo, porém seu objetivo era disciplinar sua "alma" para que ele se tornasse crente e até desejoso dos processos a que era submetido.

As relações de dominação orientadas pela filosofia oralista de educação de surdos operavam sobretudo através da relação de poder/saber – principalmente porque muitos daqueles submetidos às estratégias de dominação não possuíam legitimidade/saber para reivindicar outras posições. Tais relações davam-se também operando com relações de dominação pela violência – estabelecidas quando, mesmo contra a vontade surda, as estratégias utilizadas na educação apontavam para a necessidade e a naturalização dos processos vividos.

Portanto, a dominação pela violência na educação de surdos vinha travestida de explicações de especialistas que atribuíam a resistência surda (aos exames e às exaustivas seções de fala) à presença de irritabilidade ou desequilíbrio emocional derivados da surdez. Ao mesmo tempo, colocava-se em movimento também uma dominação pelo poder, na medida em que, muitas vezes, os sujeitos surdos, movidos pela falta de conhecimento de outras formas de vida ou por estarem convictos de sua anormalidade, eram seduzidos pelas promessas de fala e, consequentemente, de transformação. Eles passavam a constituir-se a partir de um ideal inventado como sendo a única possibilidade de ser visto e aceito pelo outro como alguém "normal".

Voltando para as filosofias de educação de surdos, toda a pressão surda e de alguns especialistas com outras visões sobre a educação desses sujeitos, principalmente no final do século XIX, começou a criar algumas fortes rupturas com a dominação exercida pelo oralismo. Góes (1996) aponta a *comunicação total* (CT) como sendo uma das filosofias que aparece marcando algumas mudanças no cenário educacional. A comunicação total era vista como uma forma mais aberta e flexível de comunicação surda, pois permitia "o uso de múltiplos meios de comunicação, buscando trazer para a sala de aula os sinais utilizados pelas comunidades de pessoas surdas" (GÓES, 1996, p. 40).

O que se colocava como argumento a favor da CT é que esta seria uma filosofia que não se oporia à diferença surda, mas que possibilitaria aos indivíduos acesso a várias formas de aprendizagem e de interlocução linguística, ou seja, os surdos aprenderiam não apenas o português, mas também a língua de sinais. Alguns afirmavam que tal uso das duas línguas se daria de forma simultânea; os linguistas reagiram a tal afirmação, pois não aceitavam ser possível tal simultaneidade.

No Brasil, Ciccone aponta a CT como uma filosofia de trabalho educacional com caráter reducionista, se entendida como um método. O reconhecimento da CT como uma filosofia não é consenso entre os autores que trabalham na área. Para Brito (1993), a CT, na atualidade, éum desdobramento do oralismo. Conforme essa autora, não há como fazer o uso de duas línguas simultaneamente; portanto, o bimodalismo não favoreceria o aprendizado da língua de sinais, mas fortaleceria o uso de alguns sinais para que o português fosse ensinado. A questão em jogo era o ensino da língua majoritária. Em última instância, a CT seria muito mais produtiva para os ouvintes que conviviam com os surdos do que para os próprios surdos.

Góes, ao problematizar o bimodalismo como uma das modalidades da CT e a própria CT, escreve:

> Os debates em torno da comunicação total e do bimodalismo começaram a surgir desde que estes foram propostos, e as oposições intensificaram-se, ou porque os esforços para concretizar as diretrizes resultam numa multiplicidade de soluções, com o uso de sistemas que não são línguas; ou porque acabaram orientando-se, implícita ou explicitamente, apenas à aprendizagem da língua majoritária. (GÓES, 1996, p. 43)

Os debates em torno da CT não fizeram com que os oralistas recuassem em suas crenças; o que aconteceu foi que aqueles insatisfeitos com o oralismo e que começavam a ceder à proposta da CT experienciavam, mediante as técnicas e os diferentes entendimentos da CT, uma das formas mais brandas de dominação surda. Não havia mais clareza sobre em quem se investia em técnicas de comunicação – se era sobre o surdo (entendido a partir da marca da surdez como uma diferença cultural) ou se era sobre o deficiente auditivo.

Diante dos desdobramentos da CT e da insatisfação crescente dos especialistas do século XX com a educação dos surdos, uma nova filosofia ganha expressão: o *bilinguismo*. Este passa a ser entendido como algo que se opõe às demais filosofias inventadas na educação de surdos. Com a defesa da diferença surda, argumentando-se que ela passa por uma forma particular de organização de vida, bem como pelo entendimento de que a língua de sinais é a língua própria dos surdos, os bilinguistas lutavam para que a língua de sinais passasse a ser incorporada como primeira língua nas escolas.

Como já mencionei no início desta seção, tem-se notícia de que existem no Brasil pelo menos duas línguas de sinais específicas – a Língua Brasileira de Sinais Kaapor e a Língua Brasileira de Sinais dos centros urbanos. Tendo um caráter gestual-visual, as línguas de sinais, ao contrário do que creem muitos leigos no assunto, não são universais.

Cada comunidade possui a sua língua específica, e cada língua apresenta seus parâmetros específicos, que envolvem uma determinada fonologia, sintaxe e semântica. Tais esclarecimentos, importantes para quem quer conhecer melhor os desdobramentos da discussão iniciada aqui, podem ser lidos em Brito (1993), Quadros (2005), Fernandez (2005), Rampelotto (1993), entre outros.

A corrente do bilinguismo entende que a língua de sinais, por ser a primeira língua dos surdos, deve ser aprendida o mais cedo possível. O português, como língua majoritária – ensinada, de preferência, em sua modalidade escrita –, deve ser a segunda língua aprendida pelo surdo. Muitas são as experiências de educação bilíngue desenvolvidas hoje dentro e fora do Brasil. Em muitas escolas dos Estados Unidos, Venezuela, Cuba, Uruguai e França, entre outros países, as experiências realizadas têm mostrado os investimentos necessários para a sua implementação. Tais investimentos ultrapassam o ensino da língua de sinais para os professores e as famílias dos alunos surdos; ultrapassam também a conquista de uma escola para os surdos; enfim, vão além da garantia de a primeira língua ser a de sinais, para se concentrar na mudança do olhar de surdos e de ouvintes sobre os surdos. Talvez seja esse o desafio maior dentro da corrente do bilinguismo, pois, na história da surdez e dos surdos, fomos ensinados a olhá-los e a narrá-los a partir de saberes clínicos e terapêuticos que os posicionavam como sujeitos menores, incapazes e deficientes. As práticas ouvintistas garantiram seus efeitos a partir do momento em que, de forma sutil e eficiente, se diluíram nas práticas da população e dos especialistas, mesmo entre muitos daqueles militantes contra o ouvintismo. Com isso, naturalizaram-se muitas crenças que ainda hoje aparecem nas narrativas de professores surdos e de ouvintes que estão atuando, até mesmo, em escolas de surdos (LOPES, 2006). A dificuldade e a complexidade de assumirmos uma condição bilíngue e bicultural na educação de surdos parecem estar

> [...] no olhar, constituído historicamente, daquele que trabalha e nas condições de trabalho. Estamos atravessados

> por uma lógica ouvintista que vem guiando nossas práticas e encaminhando a militância que fazemos na área de educação de surdos para uma simples exaltação das diferenças daqueles que, quando estão na escola, não acreditamos que possam aprender como "os outros". (LOPES, 2006, p. 32)

No caso dos surdos, viver numa condição bilíngue implica viver concomitantemente numa condição bicultural. A convivência surda, tanto com a comunidade surda quanto com a comunidade ouvinte, imprime traços identitários distintos nos sujeitos surdos, pois esses partilham de elos que os posicionam de formas específicas, ora como surdos – quando estão na comunidade surda –, ora como não ouvintes – quando estão entre ouvintes.

A condição de vida bicultural experienciada pelos surdos está presente nas formas de ver e de organizar o mundo e a si mesmos dentro dele. Ser alguém que compartilha o tempo todo de uma zona de fronteira que separa, às vezes nitidamente, dois grupos é estar em constante tensão consigo mesmo. Tal forma de vida tensionada implica marcas identitárias combatentes, ou seja, marcas que impulsionam os sujeitos para viverem em luta permanente – com os outros e consigo mesmo – pelo direito de serem surdos nos espaços onde os ouvintes se impõem como maioria. Talvez a clássica pergunta feita por todos os surdos quando conhecem uma pessoa que está conversando em língua de sinais – "essa pessoa é surda ou é ouvinte?" – seja uma das formas de tentar reconhecer-se e reconhecer seus pares dentro de um mundo nitidamente dividido. Ser bilíngue, por si só, já é tarefa que exige muita energia para os sujeitos que vivem tal experiência, porém ser bilíngue e viver a experiência do biculturalismo é algo extremamente difícil em uma sociedade e em um tempo em que somos chamados a nos identificar dentro de alguns esquemas e identidades.

A definição de uma proposta bilíngue de educação de surdos implica a definição das línguas em que os sujeitos são capazes de se pronunciar e dos contextos em que o fazem. Conforme Quadros,

[...] bilingüismo, então, entre tantas possíveis definições, pode ser considerado: o uso que as pessoas fazem de diferentes línguas (duas ou mais) em diferentes contextos sociais. Aqui já temos uma relativização do "bi" em bilingüismo [...]. (QUADROS, 2005, p. 27)

A autora, embora saliente que existe o termo *multilinguismo* para ser utilizado no caso de pessoas que dominam mais de duas línguas, afirma que o termo *bilíngue* ainda é o mais referido.

Para Skliar, uma proposta de educação bilíngue para surdos pode ser definida como "uma oposição aos discursos e às práticas clínicas hegemônicas – características da educação e da escolarização dos surdos nas últimas décadas – e como um reconhecimento político da surdez como diferença" (SKLIAR, 1999, p. 7). Embora tal definição pareça vaga e ampla o suficiente para que possamos desdobrá-la em diferentes usos, ela nos é extremamente útil para pontuar a surdez como uma invenção cultural. Uma invenção que nos leve a pensar na presença de marcadores visuais que determinem traços identitários e elos que são estabelecidos entre alguns sujeitos e não entre outros. Portanto, a surdez como uma materialidade inscrita no corpo, quando olhada pelo viés cultural e político, pode ser entendida como uma condição primeira de distinção de uns em relação aos outros. Aqui não entra a discussão de *maioria* ou de *normalidade*, pois o que está em jogo são outros critérios forjados nas comunidades surdas, bem como critérios políticos de luta surda pelo seu reconhecimento como sendo uma invenção linguístico-cultural.

A discussão que parece ser importante fazer gira em torno da seguinte pergunta: "o que significa uma proposta bilíngue de educação para surdos?". Retomar essa questão permite que nos afastemos do risco de acabar reduzindo o bilinguismo a mais um conjunto de métodos e técnicas de ensino usados em sala de aula para ensinar os alunos. Skliar (1999) afirma que discutir a educação bilíngue em uma dimensão política significa compreender o político de duas formas: uma seria dentro de uma dimensão histórica, cultural e social; a outra, dentro de uma dimensão em que as relações de saber e poder aparecem determinando as relações com os surdos e os próprios surdos em momentos distintos da história. Lebedeff (2006) afirma que a educação bilíngue deveria modificar as relações culturais, sociais e institucionais pelas quais são criadas as representações hegemônicas sobre a surdez e os surdos.

Ao problematizar a necessidade de estabelecer um novo olhar sobre a educação bilíngue, Skliar (1999) enfatiza a importância de olharmos atentamente para alguns atravessamentos silenciados nesse território. Entre eles, esse autor menciona

> [...] as obrigações do Estado para com a educação da comunidade surda, as políticas de significação dos ouvintes sobre os surdos, o amordaçamento da cultura surda, os mecanismos de controle através dos quais se obscureceram as diferenças, o processo pelo qual se constituem – e ao mesmo tempo se negam – as múltiplas identidades surdas, a ouvintização do currículo escolar, a separação entre escola de surdos e comunidade surda, a burocratização da língua de sinais dentro do espaço escolar, a onipresença da língua oficial na sua modalidade oral e/ou escrita, a necessidade de uma profunda reformulação nos projetos de formação de professores (surdos e ouvintes) etc. (SKLIAR, 1999, p. 8)

Todos os aspectos citados pelo autor provocam-nos a pensar se, ancorando todas essas práticas acima mencionadas, não estão subjacentes os princípios de normalidade e de anormalidade alimentados pela ciência; se não estão aí presentes certos princípios culturais, político-econômicos de inclusão e de exclusão fomentados pela crença na (in)capacidade surda de produção e de empregabilidade nos dias de hoje.

A educação bilíngue para surdos orienta-se a partir de dois eixos: um deles refere-se à condição bicultural vivida pelos sujeitos; o outro eixo refere-se à condição bilíngue, entendida a partir do domínio surdo da língua de sinais – em sua modalidade visual e gestual – e do não domínio surdo de uma língua oral. O bilinguismo surdo, no que diz respeito ao português, refere-se a uma modalidade escrita. A fluência no uso da língua portuguesa falada não é um fator determinante para essa classificação. Novamente recorrendo a Skliar, não há como "descrever o bilingüismo como uma situação de harmonia e de intercâmbios culturais, mas como uma realidade conflitiva" (SKLIAR, 1999, p. 9). Trata-se de uma realidade em que está em jogo a identificação surda com seus pares e a não identificação surda com os ouvintes.

Uma proposta bilíngue pressupõe o domínio de duas línguas, em qualquer modalidade que elas possam ser articuladas. No entanto, no caso dos surdos, há o domínio da língua de sinais, porém não há a fluência na língua portuguesa. Considerando tal aspecto, longe da discussão política e cultural colocada no cenário da educação dos surdos, se ser bilíngue exige o domínio em qualquer modalidade em que uma língua é expressa, as propostas de educação bilíngue estão sendo estruturadas de forma equivocada. Tal diferenciação de domínios é um dos argumentos utilizados por linguistas que afirmam que os surdos vivem uma falsa ideia de bilinguismo. Skliar (1999) faz uma crítica àqueles que entendem que utilizar bem a língua oficial é importante para que o sujeito seja considerado como os "outros", nesse caso, os ouvintes. O caráter bilíngue de uma proposta educativa para surdos deve partir do reconhecimento da diferença cultural dos surdos, bem como do reconhecimento da língua de sinais como sendo própria da comunidade surda à qual o sujeito pertence.

Portanto, talvez devêssemos repensar o uso do termo bilíngue para designar a condição do sujeito surdo que possui uma língua própria – a Língua Brasileira de Sinais – e que utiliza o português a partir do lugar de um brasileiro surdo (que não é o mesmo lugar de um brasileiro ouvinte). Assumir a condição de surdez, e a partir dela lutar para que a diferença surda seja reconhecida e respeitada e para que políticas educacionais sejam pensadas, é fundamental para construirmos propostas educativas mais consistentes. Talvez seja essa a ruptura radical que teremos de fazer na educação de surdos se quisermos que esses sujeitos sejam vistos a partir de outras lentes que não as da educação especial, nem as do simples enquadramento linguístico do surdo.

Estamos diante de um momento histórico em que estão acontecendo viradas radicais nas formas de pensar e de se localizar no mundo. É nesse cenário mundial que os surdos podem encontrar espaços para se colocarem de outras formas e para reivindicarem uma condição de vida específica. Lutar por outras condições de vida, no caso dos surdos, pode ser lido pelos especialistas, bem como por aqueles que estão próximos aos surdos, como uma exclusão surda em relação a uma sociedade ouvinte. Longe de tal abordagem reducionista, lutar por outras condições implica, antes de mais nada, encontrar outras categorias para os surdos serem colocados. Implica, também, tanto usar outras marcas para que a diferença apareça quanto desejar uma outra escola de surdos que não mais essa descendente da escola especial. Em último lugar (mas não menos importante), implica lutar por outras narrativas surdas de si.

CAPÍTULO III

COMUNIDADE, IDENTIDADE E CURRÍCULO SURDO

> "*Comunidade*" *é nos dias de hoje outro nome do paraíso perdido – mas a que esperamos ansiosamente retornar, e assim buscamos febrilmente os caminhos que podem levar-nos até lá.*
> (BAUMAN, 2003, p. 9)

Pode parecer estranho para aqueles que trabalham com surdos, ou para quem milita na causa surda, começar a leitura deste capítulo com uma epígrafe que aborda a ideia de comunidade como o sonho de um paraíso perdido. A própria noção de comunidade tem mobilizado surdos em diferentes países. Esses surdos estão em busca de um lugar de referência, de um lugar onde possam proclamar uma identidade forjada dentro de um espaço forte, seguro e sustentado por elos de amizade e de cumplicidade.

Nas tentativas de entender a diferença surda, argumentamos que ela não se dá no fato de o indivíduo ser surdo, mas de este viver em comunidade e compartilhar, com seus pares, uma língua visogestual, uma forma de viver e de organizar o tempo e o espaço; enfim, é entre sujeitos semelhantes de uma mesma comunidade que os surdos são capazes de se colocar dentro do discurso da diferença cultural.

Neste capítulo, meu objetivo principal é problematizar os conceitos de comunidade e de comunidade surda, não na intenção de comprovar a sua inexistência, mas sim de mostrá-la como uma invenção surda para que a diferença surda possa ser narrada de um outro lugar. Novamente, aqui, recorro à palavra *invenção*. Aqui, mais especificamente, tomo-a emprestada de Carlos Skliar, na apresentação do livro *A invenção da surdez*, organizado por Adriana Thoma e por mim. Skliar faz a seguinte pergunta: "Por que 'a invenção' da surdez e não a construção, ou a produção, ou a fabricação da surdez?" (SKLIAR, 2004, p. 9). Ele mesmo responde que essa é a palavra que nos coloca em frente a nós mesmos e ao outro. Também salienta que, ao usarem a palavra *invenção*, as autoras do livro estabelecem uma diferenciação crucial entre inventar a surdez e inventar os surdos.

A comunidade apareceu como um dos espaços mais produtivos para que a surdez fosse pensada a partir de bases culturais e históricas. Em torno do campo semântico que tem como centro o conceito de comunidade – (com)unidade; comun(idade) –, infinitas narrativas circulam produzindo infinitos e poderosos significados sobre *sentimentos de pertencimento, partilha, comunhão, sociedade, identidade, segurança* etc. Todas essas palavras e expressões são recorrentes nas narrativas surdas sobre a comunidade à qual pertencem.

Na atualidade, a luta surda está sendo construída e reconhecida pelo direito de os indivíduos surdos constituírem uma comunidade. O sentido construído para o que chamamos de "comunidade" traz arraigadas as necessidades que temos – como sujeitos modernos e incansáveis na busca da homogeneização dos grupos humanos – de tornar os sujeitos, através de agrupamentos por semelhança, nos *mesmos*. A pretensa totalidade associada à ideia de harmonia da identidade coletiva leva-nos a ver a comunidade como una, orgânica, natural, indivisível, identificadora e de consenso (LOPES, 2002).

Conforme argumenta Mello (2011) ao problematizar o conceito de comunidade e a relação desta com a escola de surdos, os surdos entendem que a comunidade é lugar de unidade, de tranquilidade e espaço de segurança e imunidade. A lógica do uno, ainda operando por meio do consenso no entendimento da ideia de comunidade, é sustentada pela compreensão de que as maneiras de pensar as normas de ação e valores de um coletivo que se volta à sua identidade devem ser assumidas por todos os seus componentes. A ideia de comunidade consensual contém, segundo Téllez (2001), um paradoxo. A autora argumenta

> [...] que a postulação do direito à diferença frente a outros comporta, ao mesmo tempo, a sua negação, quando se trata de atos coletivos de identidade, enfeitiçados como Narciso com sua própria imagem. (TÉLLEZ, 2001, p. 59)

A invenção da comunidade como espaço de luta política busca, às vezes, o apagamento das diferenças dos indivíduos em nome de uma luta maior e em torno do reconhecimento de uma identidade mesma – no nosso caso, a identidade surda. Outras vezes, tal invenção busca a exaltação das diferenças individuais em nome do ser e do sentir-se surdo de formas particulares.

Luta-se pela diferença surda, fala-se dela, mas se trata de uma diferença que pode ser "comunalizada", e não de uma diferença que rompe com a unidade *do mesmo cultural* e do *outro* como uma ameaça que está do lado de fora da comunidade. Não se trata somente de substituir o mesmo pelo outro e de incluí-lo no discurso da diferença (LOPES, 2002). Téllez, ao refletir sobre qual comunidade deve ser liberada do "mito" da comunidade, propõe um giro radical nas formas de pensá-la. Ela escreve que a tarefa se torna mais difícil porque está em jogo o

> [...] liberar-se do princípio de identidade que estabelece o Mesmo e o Outro, desconstruir a lógica da identidade-diferença que funciona na auto-identificação e na identificação do outro, cuja diferença se situa em uma ordem não alheia à regulada por tal princípio. Trata-se, pois, do questionamento radical de tal lógica, do próprio modo em que se constitui a identidade da comunidade, sem o qual tal reivindicação não é senão o reverso da comunidade idêntica a si mesma. (TÉLLEZ, 2001, p. 59)

A comunidade é produzida a partir do referencial da *mesmidade* e da homogeneidade. No entanto, a *mesmidade* não consegue sustentar-se na comunidade, pois o caráter de naturalidade dessa invenção não suporta a diferença dos indivíduos. Bauman, dizendo que a comunidade, mesmo se alcançada, permanecerá vulnerável, explica que,

> [...] mais do que uma ilha de "entendimento natural", ou um "círculo aconchegante" onde se pode depor as armas e parar de lutar, a comunidade realmente existente se parece com uma fortaleza sitiada, continuamente bombardeada por inimigos (muitas vezes invisíveis) de fora e freqüentemente assolada pela discórdia interna [...].
> (BAUMAN, 2003, p. 19)

Colocar o sonho da comunidade como princípio para manter a diferença em "segurança" pode ser uma dolorosa perda daquilo que se imagina ser próprio de um grupo, unido por uma pretensa identidade *mesma*. A identidade parece surgir em um tempo em que as diferenças se acentuam e as fronteiras, ainda que frágeis e provisórias, estão sendo cada vez mais invocadas e elogiadas. Identidade, conforme Bauman (2003), significa ser diferente e, portanto, ser singular. Se a identidade faz a singularidade, a sua busca individualiza, separa e divide. Em tempos de globalização cultural, a fragilidade das identidades individuais conduz os "construtores da identidade a procurarem cabides que possam, em conjunto, pendurar seus medos e ansiedades individualmente experimentadas [...]" (BAUMAN, 2003, p. 21). A busca do *outro* como o *mesmo* constitui-se em uma tentativa de sobreviver ao apagamento das diferenças, que são frágeis quando solitárias e que, quando agrupadas, tendem a esmorecer. O aconchego da comunidade pede uma vigilância constante, pois necessita ser preservada e protegida contra os ataques daqueles que estão do lado de fora e contra as mudanças daqueles que estão do lado de dentro.

Ainda estamos negando *o outro* em prol do processo de (com)unidade. Buscamos nas semelhanças, em determinados conceitos de cultura que nos apontam para uma forma consensual de se viver, argumentos para falar da importância de se fortalecer e de se criar a comunidade surda. Esta, por sua vez, é composta por uma categoria única e essencialista, a de ser surdo; possui uma cultura específica – geralmente reduzida pela escola à língua de sinais – e uma forma semelhante tanto de significar as coisas quanto de lutar por direitos de convivência sob um mesmo espaço físico.

Participar de uma comunidade que partilha de uma forma comum de comunicação, de uma língua específica e de um conjunto de sentimentos que liga os indivíduos fazendo-os uno e *os mesmos* em determinados momentos, é condição para podermos argumentar sobre a diferença surda. Portanto, enfatizar a ideia de invenção da comunidade surda, a partir de uma série de elos observáveis que passam por comunicação, territorialidade, uso do tempo, do espaço e das regras sociais, permite inscrever tal discussão no campo dos estudos étnicos/culturais.

Como uma invenção, ao mesmo tempo de cada indivíduo e de um grupo, a comunidade é também um conceito criado no particular e alimentado no coletivo. No caso dos surdos, não há um lugar específico da comunidade, não há uma geografia que possibilite aos surdos nascer e continuar vivendo em um mesmo espaço. Mas existem elos subjetivos capazes de marcar e fortalecer identidades e de fazer com que os indivíduos se reconheçam. Ao fim e ao cabo, comunidadeé uma invenção necessária para que a luta continue e a identidade surda se expresse politicamente com mais vigor. Nela, não há liberdade permanente, não há salvação, nem mesmo tranquilidade, pois é nela que as tensões aparecem. Talvez esse seja o preço a pagar para que se criem novos sentidos e para que tais sentidos transbordem de seus imaginários limites.

Pertencer a uma comunidade significa, entre outras coisas, ter referências que possam orientar um grupo de pessoas em suas lutas. No caso dos surdos, isso é particularmente evidente em suas lutas cotidianas pelo direito de

- terem uma língua própria;
- se autodeclararem surdos e serem reconhecidos como tal;
- que os membros das gerações mais novas possam estudar em escolas de surdos e de terem respeitada a diferença surda no aprender;

- se reunirem na associação de surdos;
- as famílias de surdos serem orientadas para que, logo que detectada a surdez em seus filhos, estes possam estar junto de seus pares surdos;
- terem intérpretes em qualquer lugar e em qualquer momento, sem necessitar solicitar sua presença e seus serviços com antecedência;
- participarem de tudo o que acontece em espaços públicos.

Se a Língua Brasileira de Sinais é oficialmente reconhecida, então sua presença deve ser efetiva em qualquer espaço. Como se sabe, isso não vem acontecendo; os surdos têm de constantemente solicitar a presença de um intérprete para os espaços em que estão. Por motivos preponderantemente financeiros, nem sempre os intérpretes são disponibilizados; e, para piorar a situação, nem sempre tais intérpretes – quando esses existem... – são competentes naquilo que fazem.

A comunidade surda vem resistindo durante anos às práticas e aos saberes ouvintes, em geral sustentados institucionalmente, em associações médicas, em clínicas médicas, de fonoaudiologia, de psicologia, em escolas e institutos educacionais e de correção de voz. Acusadas de desviarem os surdos do tratamento de que eles necessitam para estar em uma sociedade majoritariamente ouvinte, as comunidades surdas ainda precisam criar estratégias para sobreviver e para garantir aos surdos um espaço de identidade. Até o fortalecimento das políticas de inclusão, uma das *estratégias* que víamos dar condição para que a comunidade surda fosse mantida era a preservação desta de forma articulada às escolas, tanto a escola especial de surdos quanto a escola de surdos.

Como um espaço possível de fortalecimento de um grupo específico, a escola de surdos tem sido palco para movimentos de resistência, para a (re)significação da surdez e, diferentemente das escolas especiais, para a manutenção de práticas ouvintistas cada vez mais refinadas e sutis. Mesmo parecendo estranho que a escola de surdos se preste para a manutenção de práticas ouvintistas, argumento que, pela história que temos e que nos ensinou a olhar para os surdos como sujeitos desorganizados, frágeis, dependentes no sentido linguístico e dependentes permanentes dos ouvintes, continuamos, muitas vezes, fazendo dos surdos eternos dependentes da orientação, da aprovação e da tutela ouvinte.

Quando a escola define como será a comunidade, esta passa a ser alvo de outras questões políticas educacionais. Perde-se parte do interesse surdo em fortalecer suas lutas e suas reivindicações, e atribui-se à escola o trabalho de manutenção de um espaço de construção e articulação surda. É comum encontrarmos professores ou outros especialistas, atuantes nas escolas, dentro do movimento e da comunidade surda. Eles entram como intérpretes, como representantes dos surdos em espaços de ouvintes, como esperança de conquista de outros lugares para os surdos, como amigos que suavizam as atribuições e atribulações sociais e de trabalho etc. Embora sempre sob suspeita, os ouvintes que se associam à comunidade surda geralmente começam a sua militância atravessados pelos muitos discursos que estão presentes na escola de surdos. Trata-se de discursos que passam pela discussão sobre a função de toda e qualquer escola e pelo viés da necessidade de normalização e correção de alguns indivíduos em processo de escolarização.

Os muitos atravessamentos discursivos que circulam no interior da escola operam na construção da comunidade surda. A intencionalidade e a vigilância pedagógica que se exercem em seu interior criam tipos aceitos de sujeitos surdos; são tipos que acabam determinando alguns referenciais e um modelo a ser seguido. As muitas pedagogias que se exercem no interior da escola voltam-se para a pedagogização e normalização da comunidade surda gestada em seu interior. Nessa pedagogização, os comportamentos dos surdos são balizados por referenciais aceitos pela própria escola como adequados e, no mais, para serem adotados em um tempo e por um grupo social. Dentro de um rol de comportamentos aceitos, a escola movimenta-se e deixa movimentar-se. A comunidade, quando se estabelece dentro do espaço escolar, tende a ser marcada por uma pretensa mobilização por unidade. Comunidade pode ser lida, aqui, como um espaço em que se luta pela homogeneização e pelo apagamento das diferenças individuais. Em vez da construção de um grupo que luta por questões comuns e pela manutenção de suas diferenças, temos um grupo que se orienta para o apagamento da diferença em nome do fortalecimento e de uma comunidade entendida pelo viés da *mesmidade*.

Escola e comunidade surda parecem ser conceitos e espaços que se confundem no imaginário surdo. Ao fixarem a comunidade no espaço escolar, os surdos não conseguem vislumbrar outras perspectivas para que a articulação surda aconteça. Muitas vezes, ao comentarem a importância e a necessidade de uma escola para surdos, argumentam que a importância está na convivência e nas trocas mantidas entre eles. A possibilidade política do encontro, mesmo que esse seja pedagogizado e normatizado pela escola, ainda é um elemento que seduz e define as preferências surdas.

A associação escola-comunidade, em muitas localidades brasileiras, funciona como uma forma de os surdos poderem participar, com seus pares, de momentos comuns, bem como de terem aliados em suas lutas políticas. Porém, tal associação possui um preço alto a pagar, ou seja, a comunidade surda que se estrutura a partir da escola, e que nela se mantém, carrega consigo fortes traços escolares. Os sujeitos são marcados pela disciplina escolar, pelos inúmeros mecanismos e técnicas pedagógicas usadas para a educação dos indivíduos, assim como por uma dada moralidade escolar. A comunidade surda torna-se presa a uma das instituições mais fortes da Modernidade, principalmente porque a instituição escola que mais se aproxima dos surdos e que, portanto, mais contribui na constituição da comunidade é justamente a escola especial.

A escola especial foi inventada para um grupo de alunos que, acreditava-se, por questões cognitivas, físicas, emocionais e sensoriais, não conseguiam permanecer junto com as outras crianças ditas normais. Criada com um forte atravessamento clínico e pedagógico-corretivo, a escola especial está impregnada de saberes que a produzem como um espaço de reabilitação, assistência, cuidado, ensino de habilidades básicas e educação menor para quem não se imaginava ser capaz de aprender. Durante anos, a escola para os sujeitos surdos foi a escola especial. Embora insatisfeitos com a marca do "especial", essa escola ainda se constituía num espaço qualificado, em que os profissionais eram devidamente capacitados e conheciam a língua de sinais, e a condição de ser surdo era respeitada.

Os muitos movimentos surdos no Brasil, principalmente os que começaram na década de 1990, lutavam (e continuam lutando) por uma outra escola para surdos; uma escola que compreendesse (e compreenda) a diferença surda dentro de um registro antropológico e cultural, e não mais médico-terapêutico. A militância surda e ouvinte levou as discussões da comunidade surda até Brasília, mais especialmente ao Ministério da Educação. Também conseguiram, em muitos estados brasileiros, a construção de algumas escolas de surdos, bem como a mudança de nomes de "escolas especiais para surdos" para "escolas de surdos". Esse foi um grande movimento do qual resultaram conquistas significativas. Aqueles movimentos, no entanto, ainda lutam para que mudanças nos nomes e nas perspectivas políticas impliquem uma mudança no olhar tanto das pessoas que trabalham com os surdos quanto dos próprios surdos adultos que estão atuando com alunos surdos nas escolas. Ainda assistimos à subordinação surda aos ouvintes, ainda assistimos à necessidade que os surdos têm de receberem o aval do ouvinte-amigo do surdo, para que possam manter seus empregos e algum destaque na sociedade.

Explicitar a dependência de muitos surdos adultos que estão sendo referência para outros surdos é uma forma de atualizar a luta surda, mostrando as sofisticações nas estratégias de dominação forjadas nos dias de hoje.

É importante mostrar o quanto o ouvintismo se constitui em estratégias que se atualizam por novas demandas, tanto surdas quanto ouvintes. Demandas surdas não de crianças ou de surdos oralizados, mas daqueles que a todo o momento buscam os ouvintes – não como intérpretes, pois essa seria uma outra situação – para serem seus representantes nas associações de surdos, para garantirem a permanência surda em espaços onde os surdos já estão (como empregos, por exemplo).

Voltando à herança deixada pela *escola especial* para nós que trabalhamos com surdos e, de forma mais pesada, para os próprios surdos que estão mobilizando a comunidade surda, podemos dizer que a busca constante dos ouvintes e sua responsabilização pelos sucessos ou insucessos surdos ainda são marcas fortes que carregamos e precisamos deslocar, para que se possa olhar de um outro lugar, de uma outra maneira. Atribuo muitas das ações ainda presentes nas escolas de surdos, e entre os próprios surdos, às heranças recebidas da escola especial e que, de certa maneira, ainda se mantêm. Mudamos o nome, mudamos as lutas, conquistamos muitos direitos surdos, negamos a necessidade do aprendizado do português como segunda língua; entretanto, muitas das escolas parecem continuar apegadas à ideia da incapacidade surda para se organizar, aprender, ter autonomia e ser exigida em suas aprendizagens.

> Estamos atravessados por uma lógica ouvintista que vem guiando nossas práticas e encaminhando a militância que fazemos na área de educação de surdos para uma simples exaltação das diferenças daqueles que, quando estão na escola, não acreditamos que possam aprender como "os outros". (LOPES, 2006, p. 32)

A crença na incapacidade surda, em muitas escolas de surdos, ainda está definindo os contornos da educação e da comunidade que está submetida à escola. Marcados pelo *especial*, ainda presente na escola de surdos, os sujeitos vão sendo constituídos tomando para si narrativas que os fazem acreditar no ouvinte e depender dele. Tal relação de dependência, muito presente na comunidade surda, pode ser vista em narrativas surdas sobre si, sobre os espaços onde trabalham, estudam e pensam em entrar. Tal presença ouvinte na vida surda não se resolve com a abertura de uma escola só para surdos, mas pode ser modificada lentamente e de forma descontínua com a presença de surdos mais jovens que viveram outras histórias que não aquelas tão fortemente marcadas por uma filosofia oralista ou por uma filosofia da comunicação total.

O fato é que hoje as pessoas e os profissionais surdos que estão servindo de referência para a comunidade surda contam com a escola de surdos para poder articular e manter viva sua comunidade. O que eles querem é uma comunidade que não apague as diferenças, mas que se fortaleça com elas; uma comunidade que tenha uma unidade política que mobilize os sujeitos que dela fazem parte.

Sem a escola de surdos, as crianças surdas, que dependem da autorização dos pais para buscar por espaços onde outros surdos se encontram, ficariam relegadas, em sua maioria, a viver entre ouvintes e a não se desenvolver de acordo com o que são capazes. Mesmo com toda a discussão surda e com todo o espaço já conquistado pelos surdos, a comunidade ainda necessita da escola de surdos para poder existir como tal. Mesmo correndo os riscos da pedagogização da comunidade, a escola de surdos sempre será um espaço de encontro surdo, pois, além de ser a primeira instituição em que muitos têm a chance de conviver e de se autoidentificar com outros surdos, é também um espaço de convivência "acima de qualquer suspeita". Ninguém dúvida das "coisas boas" que devem estar sendo aprendidas na escola, mas muitos podem duvidar daquilo que é feito e aprendido em um espaço não escolarizado de encontros surdos.

Na Modernidade, considerando o lugar de destaque que atribuímos à escola, bem como a força que ela adquire na atualidade com as políticas de inclusão, não há como sermos sujeitos sem passarmos por essa poderosa maquinaria de sequestro. Os surdos, que reivindicaram espaços específicos em que os profissionais soubessem a língua de sinais para que pudessem se comunicar com os alunos, estão sendo hoje tomados pela própria invenção. As políticas de inclusão estão determinando, com o aval de associações de surdos e de especialistas atuantes em universidades, que todos os cursos de licenciaturas tenham, em seus currículos, a disciplina de Língua Brasileira de Sinais. Sabemos que tal disciplina foi pensada para ter um caráter introdutório. Através dela, porém, buscam-se condições pedagógicas e materiais para que os surdos possam estar, nas escolas, entre ouvintes. Isso significa, entre outras coisas, que a escola de surdos pode estar sob séria ameaçada. Significa também que, se as comunidades surdas continuarem fazendo da escola o seu *locus* de articulação e organização, tais comunidades estarão sob a ameaça de enfrentarem as mesmas dificuldades, as mesmas crises e a mesma corrosão por que passa a escola.

A comunidade surda, por meio de suas associações, foi a que mais lutou para que a LIBRAS fosse divulgada e para que os professores pudessem estar mais bem preparados para receber os surdos. A ironia encontrada nessa mobilização é que as políticas montadas a partir das reivindicações surdas parecem estar preparando as escolas para que surdos e ouvintes compartilhem dos mesmos espaços, ou seja, das mesmas escolas.

Com professores sendo capacitados durante os seus cursos de formação geral, não teremos por que reivindicar uma escola de surdos. As políticas estão conduzindo a população a acreditar que a língua de sinais não será mais um empecilho que dificulta a comunicação com os surdos. Mesmo sabendo que aquilo que ensinamos nos cursos de graduação sobre diferença, cultura e língua surda seja o mínimo para começarmos a conversar sobre surdez, surdos e educação, parece que esse mínimo está tomando proporções maiores e fora de nossos controles. O que parece estar sustentando essa aceleração da divulgação da LIBRAS, bem como sustentando a dificuldade que interessados abram escolas para surdos, são razões de sustentabilidade e de correção/normalização.

Escola de surdos e currículo surdo

O currículo nas escolas de surdos também é um artefato cultural pelo qual o ouvintismo se atualiza e se reforça;

assim, no marco do último século foram estabelecendo-se, sucessivamente, diferentes mecanismos e "textos" de colonização curricular: o currículo para deficientes mentais, para deficientes da linguagem [...]. (SKLIAR; LUNARDI, 2000, p. 13)

A escola de surdos – vista como um espaço de aproximação surda – e o que estamos denominando de "currículo surdo" – visto como uma produção feita com a participação efetiva dos surdos para o próprio surdo – têm se configurado como mais uma das utopias geradas na Modernidade. Utopia porque vem depositando na presença surda e nas pedagogias surdas uma pretensa ideia de conscientização surda, de emancipação e de salvação da condição de submissão surda ao ouvinte. A escola de surdos possui práticas distintas da escola especial ou da escola de ouvintes, mas o fato de ser *de surdos* não rompe com a função primeira de qualquer escola, que é a de disciplinar, socializar, normalizar e garantir ordem na sociedade. Nas palavras de Skliar e Lunardi, "o currículo nas escolas de surdos também é um artefato cultural pelo qual o ouvintismo se atualiza e se reforça" (SKLIAR; LUNARDI, 2000, p. 13).

Antes de ser uma escola para surdos, antes de ter um currículo surdo, a escola apresenta uma proposta social e uma intencionalidade pedagógica, as quais não temos e não sabemos como evitar. Kant, cuja obra filosófica foi crucial para o estabelecimento da Modernidade, preconizou a disciplina como condição para o desenvolvimento de uma moral capaz de conduzir os indivíduos a um futuro previsível, à sua própria maioridade e ao pleno exercício da liberdade. No fim do século XVIII, Kant apregoava que se devia enviar as crianças à escola porque lá elas aprenderiam, antes e acima de quaisquer conteúdos e saberes, a serem disciplinadas. Para o filósofo, independentemente das condições individuais, todos são passíveis de serem educados, isto é, todos são enquadráveis às normas atitudinais e às convenções relativas aos usos do espaço e do tempo, que haviam sido socialmente estabelecidas.

Tal função atribuída por Kant à escola parece manter-se bastante atual. Mesmo que os ideais kantianos tenham sofrido alterações e mesmo que, de lá para cá, inúmeros outros educadores, pedagogos, filósofos, sociólogos etc. tenham ressignificado em vários momentos e de várias maneiras as funções da educação escolarizada, o fato é que esse princípio fundante da escola moderna – a saber, o forte acento na ordem e na disciplina – ainda continua muito vivo e vigoroso.

A disciplina parecia (e ainda parece) ser uma condição importante para que a criança se desenvolvesse, pois, se deixada crescer sem disciplina, ela poderia ficar inclinada demais à "liberdade". Os preceitos da razão devem ser explicitados para que, cedo, a criança possa submeter-se a eles. Nas palavras de Kant, "quando se deixa o homem seguir plenamente a sua vontade durante toda a juventude e não se lhe resiste em nada, ele conserva uma certa selvageria por toda a vida" (KANT, 2002, p. 14).

Na escola moderna, cabe a nós lutarmos para que todos que estão matriculados nela permaneçam e sejam capturados pelas várias estratégias que ali estão em ação. Ainda hoje, educar parece ser uma das atividades mais difíceis confiadas às gerações mais velhas, ou àqueles mais habilidosos, ou aos especialistas. Na ação de educar funcionam dispositivos de diferentes ordens; a saber, da ordem da cultura, da ordem dos saberes, da ordem da economia, da ordem da governamentalidade, da ordem da moral etc. Com a atribuição de educar e de manter posições sociais, foi preciso inventar determinados tipos de escolas para determinados tipos de sujeitos (SILVEIRA; LOPES, 2007). Nessa linha, inventamos a escola regular, a escola especial, a escola indígena e, entre outras, a escola de surdos. Cada escola com suas marcas e suas diferenças, bem como cada escola com suas estratégias diferenciadas visando à educação de todos. A prerrogativa de educação para todos permanece inalterada em qualquer escola; trata-se de um fenômeno que nos faz suspeitar da ideia revolucionária que atribuímos a uma escola de surdos, principalmente a uma escola de surdos que possui o que alguns denominam de currículo surdo.

A escola, de surdos ou não, é um espaço onde o ensino se exerce de forma intencional, a partir de um conjunto de princípios selecionados que guiarão professores e alunos, bem como todos aqueles que, direta ou indiretamente, se relacionam com ela. Toda e qualquer proposta de escola de surdos, quando em operação, cria perfis aceitos para um determinado grupo em um determinado tempo, considerando um conjunto de exigências sociais, políticas e econômicas de diferentes grupos culturais.

Mesmo buscando a construção coletiva de um currículo, nada temos de garantia que surdos, ao entrarem na escola de surdos, tenham acesso ao que chamamos de currículo surdo. Nada temos de garantia que surdos, em escolas de surdos, não estejam sendo "nivelados por baixo" pelos professores, inclusive por professores surdos que trabalham na instituição. Nada nos garante que a LIBRAS não seja simplesmente um meio para se chegar a uma normalização surda. Nada nos garante que conteúdos surdos não sejam dados simplesmente porque os entendemos como sendo parte de uma lista de conteúdos que devem ser dados para os alunos, até o final de cada período letivo, independentemente da identificação que os alunos surdos fazem de tais conteúdos com suas próprias histórias. Nada nos garante que professores surdos, por serem surdos, não serão aqueles que marcarão sobre os corpos e as identidades surdas uma espécie de menoridade surda. Enfim, nada nos garante que a escola de surdos seja o lugar adequado para educarmos crianças, jovens e adultos surdos. Por outro lado, se a escola de surdos não nos garante tudo isso, provavelmente – ou certamente? – com a escola de ouvintes também não teremos nenhuma garantia (LOPES, 2006). Schuck (2011), em sua dissertação de mestrado, mostra que muitos professores ouvintes e surdos afirmam não se sentirem pedagogicamente preparados para trabalharem com alunos surdos. Tal declaração nos permite afirmar que a formação pedagógica dos professores ultrapassa a condição de vida que possuem, ou seja, professores ouvintes e surdos reclamam da formação que tiveram em seus cursos de licenciatura. Os surdos afirmam terem mais facilidade com a língua de sinais, porém reclamam da falta de conhecimento pedagógico sobre os processos de ensinar e aprender. Além de tal carência de conhecimentos pedagógicos, os professores ouvintes, principalmente aqueles que estão em escolas de ouvintes, reclamam da falta de domínio da língua de sinais. Então, onde amarramos essa questão?

> Entender o currículo como experiências pensadas e impensadas permite que práticas pedagógicas se coloquem no cotidiano não como mais uma nova proposta que visa a atender, nesse caso, a diferença surda, mas como experiências vivas que nos passam, fazendo pensar e aprender coisas e comportamentos e elaborar conceitos. As experiências que nos permitem dar sentidos às coisas que vemos e falamos – no caso dos surdos, o que vêem e sinalizam. [...]. (LOPES, 2006, p. 39-40)

O currículo surdo não pode ser entendido apenas no âmbito das práticas cotidianas, de metodologias, de ter ou não ter domínio de um vocabulário em língua de sinais; ele nem mesmo pode ser entendido como sendo uma inclusão simplificada de conteúdos sobre a história surda, sobre a língua escrita dos surdos etc. Um currículo surdo exige que nós pensemos na nossa capacidade de olhar para os surdos colocando-os em outras tramas, que não aquelas atreladas às pedagogias corretivas.

Talvez possamos entender o currículo surdo como acontecimento, como profanação das pedagogias que temos e que propõem pensar os surdos pelo viés da diferença; enfim, um currículo surdo talvez exista na possibilidade cotidiana da experiência.[1] Parto do pressuposto de que um currículo ultrapassa a ideia de proposta curricular. É nesse ultrapassar que podem se inscrever práticas surdas não pensadas e nem mesmo usadas com o propósito de ensinar aos sujeitos uma forma de ser surdo, a língua de sinais, histórias surdas etc. Tudo que está previsto e que virou proposta pedagógica possibilita que a surdez seja contada em um viés oficial;

---

[1] Para uma discussão mais detalhada sobre o conceito de currículo como acontecimento, vide, entre outros, LARROSA (2005) e GALLO (2006).

porém, um currículo surdo que acontece é um currículo que não conta nem com a intencionalidade nem com a garantia de ensinar alguma coisa para alguém; ele nem mesmo conta com a possibilidade de transformar a história surda em uma história oficial. O currículo surdo simplesmente acontece em meio às relações estabelecidas no espaço escolar. O que nele se produz e se articula tem gosto, tem sabor de experiência – experiências surdas que não podem ser ensinadas, que não podem ser capturadas e oficializadas, mas que podem apenas ser vividas por um grupo de pessoas que são atravessadas por uma forma particular e semelhante de ser (PERLIN, 2004).

Conforme escrevi em outro texto,

> [...] para além da aquisição da informação que pode ser *passada/transmitida*, a experiência permite a construção de conceitos que nos permitem pensar o mundo, as relações, as verdades ensinadas e as mais distintas aprendizagens. (LOPES, 2006, p. 39)

A experiência vivida com o outro, em comunidade, propicia que cada indivíduo possa ser e estar sujeito ao outro e a si de formas particulares. Não há um modelo surdo a ser seguido. Embora as escolas queiram contratar surdos adultos para serem referência para os surdos mais jovens, a experiência de ser surdo não passa pela presença planejada do modelo. Vale salientar que a contratação de professores surdos pelas escolas de surdos não garante que os alunos aprendam a ser surdos. Não descarto a importância de tal profissional. Continuo frisando a importância dos referenciais surdos, porém não para ser um modelo a ser atingido, mas sim para funcionar como um referente linguístico.

Fomos ensinados, como sujeitos modernos que somos, a seguir a orientação de um modelo. Assumimos ou não os exemplos para a orientação de nossas vidas; mas, independentemente da decisão tomada, a indicação permanece ativa em nossas práticas educativas. No que se refere aos professores, historicamente eles foram colocados para servirem de referência aos alunos. Na educação de surdos, essa indicação do modelo é uma das práticas mais recorrentes nas escolas; ela inclusive constitui uma das estratégias surdas para afirmar a importância da entrada de tais profissionais na escola. A invenção do modelo agrega ao currículo escolar a função de monitoramento das práticas pedagógicas empregadas na educação das crianças surdas. Como uma referência autorizada pela comunidade surda e, por essa razão, inquestionável por outras comunidades, objetiva-se que o professor possa monitorar os caminhos que devem ser percorridos, principalmente pelas crianças, para que cheguem a desempenhar o lugar da referência ou do modelo. O desejo de ser como o modelo constitui-se em uma das estratégias de governamento mais eficientes no controle dos sujeitos, aplicadas via escola de surdos. Ao trazer a possibilidade de ser como o referente, passo a fixar os sujeitos em determinados tipos aceitos pela comunidade. Portanto, seguir o modelo significa sentir-se incluído em determinados grupos e excluído de outros. Em cada época e em cada contexto social e político, mudam as regras para que sujeitos sejam incorporados e mantidos na comunidade; com elas, mudam também as formas de ser e de colocar-se como sujeito surdo para poder ser aceito junto aos surdos e excluído do grupo dos deficientes.

Não há uma forma única de ser surdo e não há uma essência acima de qualquer atravessamento cultural; há, sim, representações, códigos, sentimentos compartilhados por um grupo de pessoas, todos forjados nas experiências vivenciadas por sujeitos surdos diferentes e em espaços distintos. Experiências que nos tocam e deixam marcas em nossas formas de ser e de nos ver diante do outro que não somos. Marcas que ultrapassam o corpo e conformam as subjetividades. Portanto, as marcas

> [...] não são somente traços materiais; marcas são, também, impressões que, ao informarem sobre como o outro me vê, imprimem em nós sentimentos que nos constituem como um sujeito marcado pelo outro e, por isso, diferente em relação ao outro. (LOPES; VEIGA-NETO, 2006, p. 2)

Chiella (2007), em sua dissertação de mestrado, buscando por narrativas surdas, aponta para alguns marcadores criados a partir da vivência surda na escola de surdos. Segundo a autora, a escola foi um dos espaços mais citados pelos surdos quando eles falaram de si e de suas histórias de vida. Como um espaço importante e de aproximação surda, a escola especial de surdos foi um dos espaços mais mencionados pelos sujeitos de sua pesquisa. Estes, ao lembrarem de histórias de vida, relatavam tanto o prazer de ir para a escola, para que lá pudessem se encontrar com amigos, quanto as muitas situações de constrangimento vividas por eles. Sentir-se constrangido por ser surdo foi algo muito marcante nas histórias daqueles sujeitos que hoje militam na causa surda.

Constrangimento remete-nos a pensar em determinadas situações embaraçosas vividas por qualquer pessoa no decorrer de suas vidas. No caso dos surdos adultos que viveram intensamente movimentos políticos em torno do reconhecimento da diferença surda, esse sentimento ultrapassa a recorrência de "alguns eventos ou situações vividas" para abarcar uma condição bastante frequente. O constrangimento que parece marcar as formas de ser surdo acontecia em meio à pressão ouvinte sobre os surdos, bem como mediante a pressão dos surdos sobre eles mesmos. Segundo Chiella (2007), parecem ser comuns, nas narrativas surdas, experiências em que eram colocados como estranhos, como alguém que não pensa porque não fala, como alguém que se aproxima do exótico porque utiliza uma língua que desperta curiosidade; enfim, como alguém chamado a justificar-se e a dar as razões por que deseja ser surdo e não um ouvinte. Tantas foram as experiências de constrangimento que os sujeitos surdos acabaram se convencendo de uma posição diferenciada em relação ao seu outro (ouvinte).

Práticas de dominação pela violência e pelo poder – colocado em marcha pelos saberes que descreviam normalidades e perfis aceitos de ser surdo – imprimiram sentimentos de opressão e de constrangimento na alma surda. Situações de vergonha, de embaraço, de desconforto e de estranhamento geraram – no atravessamento com outras experiências – outras marcas culturais, tais como a necessidade de estar permanentemente em luta, a busca incessante pelo estar presente na comunidade e uma certa nostalgia na forma de ser surdo (PERLIN, 2006). Decorrente de tais experiências em que o constrangimento parecia ser uma forma estratégica de ensinar aos surdos uma posição e uma forma aceita de ser, talvez esteja a busca constante dos surdos por ouvintes que sirvam como referentes ou como orientadores. Manter a dependência surda parece ser o resultado das pedagogias corretivas aplicadas a todo momento no espaço da escola, inclusive nos espaços das escolas especiais e das escolas de surdos. Não quero dizer, com isso, que toda escola de surdos gera e utiliza as mesmas estratégias disciplinares e corretivas para trabalhar com os alunos surdos. Quero marcar que, no currículo que está acontecendo no espaço da escola, estão em jogo forças que são alimentadas pela história médico-terapêutica e pelos saberes que nos ensinaram a ver e a descrever os surdos de determinadas maneiras.

Enfim, pensar em um currículo surdo que possa produzir, nas relações que se estabelecem dentro dele, outros marcadores surdos pressupõe espaços para a leitura do devir e para o sabor de viver o acontecimento. Devir e acontecimento não podem constituir nem propostas pedagógicas acabadas nem, muito menos, um currículo assumidamente surdo. Portanto, um currículo surdo só pode se estabelecer no acontecimento e na possibilidade de espaço nas escolas para que outras relações e outras verdades possam circular e formar outras marcas naqueles que vivem o currículo e fazem dele algo sempre em movimento.

CAPÍTULO IV

Para saber mais...

A partir da expressão "educação de surdos", é possível encontrar vários *sites* que abordam a questão de distintas maneiras. O amplo espectro de espaços reservados para a educação de surdos abarca tanto produções de caráter clínico-terapêutico como produções de caráter social, antropológico e cultural.

Mantendo a linha teórica que sigo e que utilizei para orientar as reflexões feitas neste livro, abaixo indico alguns *sites* que divulgam a língua de sinais, relatam histórias de grupos de pesquisa em educação e linguística, divulgam notícias sobre comunidades surdas, promovem contatos entre surdos, apresentam novidades tecnológicas. Meu objetivo foi promover uma divulgação daqueles *sites* que considero mais em sintonia com a abordagem dos Estudos Surdos.

Além dos *sites* mencionados abaixo, quero destacar a importância de os leitores acessarem o *site* http://www.capes.gov.br/ para que possam ter acesso a dissertações de mestrado e teses de doutorado que têm, como foco, a educação de surdos, a diferença surda, o letramento na educação de surdos etc. Aos interessados na leitura dos trabalhos que estão no banco de dados da CAPES, sugiro a atenção redobrada às pesquisas realizadas por pesquisadores surdos. É impressionante observar, como destacam Chiella (2007) e Mello (2011), os marcadores que aparecem definindo determinadas formas de ser surdo. Essa autora, após analisar narrativas surdas escritas em português, afirma que a nostalgia, a necessidade de estar com o outro – o que ela chama de "presencialidade" –, as formas como o surdo usa e distribui o tempo – temporalidade –, e o constrangimento na forma de se colocar diante do outro não surdo aparecem marcando os sujeitos e, portanto, a cultura surda. Além desses marcadores, a autora reafirma o espírito de luta, citados por mim e Veiga-Neto (Lopes; Veiga-Neto, 2010), como um traço, um marcador cultural. Outros marcadores – como a língua de sinais e o olhar, que já são de conhecimento daqueles que trabalham na área – também são apontados e trazidos para a discussão.

É interessante constatar, a partir das produções de autores surdos, o quanto as histórias vividas por eles dentro do espaço escolar marcaram suas vidas. A escola aparece nas narrativas surdas atravessada por sentimentos de repulsa e de violência, quando os surdos eram submetidos a práticas oralistas ou expostos ao olhar de todos; ela aparece também atravessada por sentimentos de exaltação, de reconhecimento e de possibilidade de existência e de aproximação surda. No entrelaçamento de sentimentos que envolvem a escola, é importante destacar que ela vem funcionando como um espaço em que a maioria dos surdos brasileiros conseguem interagir com seus pares sem a intervenção proibitiva das famílias. A escola como espaço surdo está constituindo uma forma particular de ser surdo. A comunidade, quando articulada e mantida somente na escola, possui traços de uma pedagogia escolar, ou seja, a escola acaba pedagogizando a comunidade surda.

Escola, comunidade, pedagogia e luta surda pelo direito de os grupos surdos serem reconhecidos como um grupo cultural específico nem sempre andam juntas. Em tempos de escola inclusiva, de divulgação da língua de sinais, de inserção da LIBRAS nos currículos dos cursos de licenciaturas e de políticas de inclusão, permanecer com a comunidade tão fortemente estabelecida dentro das escolas pode se constituir num risco, na medida em que a própria escola está correndo o risco de se enfraquecer, ou de desaparecer, ou de se "desfigurar" completamente.

Com relação a tudo isso, fica uma provocação: como estão se constituindo novas estratégias de dominação e de normalização surda a partir das políticas de inclusão e a partir das políticas de divulgação da LIBRAS?

Os *sites*

http://www.dicionariodelibras.com.br

Traz artigos técnicos, dicionário de LIBRAS, espaço para fóruns e debates, legislação; divulga eventos acerca da surdez.

http://www.portal.mec.gov.br/seesp

Criado e mantido pela Secretaria Nacional de Educação Especial (SNESP), esse site tem o objetivo de fazer circular textos, endereços de centros, escolas e outras instituições educacionais para surdos. A SNESP mantém a comunidade informada sobre leis, portarias e discussões acerca da educação de surdos, da educação especial e da educação geral.

http://www.mj.gov.br/mpsicorde/arquivos/template/p_noticias.asp

Coloca à disposição o dicionário de LIBRAS.

http://www.fe.unicamp.br/dis/ges/apresentacaoges_.html

Com o objetivo de divulgar a história do Grupo de Estudos Surdos (GES) da Universidade Estadual de Campinas (SP), esse site traz informações significativas para quem tiver interesse em saber mais sobre Estudos Surdos e sobre a história desse campo no Brasil.

http://www.ines.org.br/

Site oficial do Instituto Nacional de Educação de Surdos. Nele, podemos encontrar a história surda brasileira, dicionário de LIBRAS, referências bibliográficas, espaço para conversas e esclarecimentos acerca da surdez e da educação de surdos, além de outros assuntos de interesse para quem trabalha no campo.

http://www.feneis.com.br/

Esse *site*, além de divulgar o trabalho da Federação Nacional de Educação e Integração dos Surdos (FENEIS), faz circular informações sobre eventos que tenham como tema a surdez e a diferença cultural, a LIBRAS, os direitos surdos, as mobilizações surdas, entre outros. A FENEIS é filiada à Federação Mundial dos Surdos, e suas atividades foram reconhecidas como de utilidade pública federal, estadual e municipal.

http://www.surdosol.com.br/index.php?comunidade=livros

Com o objetivo de divulgar publicações sobre a surdez, a educação de surdos, a diferença surda, a LIBRAS etc., esse *site* tem uma sala de "bate-papo", vendas de produtos variados que possam interessar aos surdos e uma ampla variedade de outros assuntos.

http://www.jonas.com.br/libras

Site idealizado com o objetivo de dar esclarecimentos sobre a surdez e os surdos a pais, amigos de pessoas surdas e outros interessados no tema.

http://www.surdo.com.br

Site que faz circular notícias sobre empregos e empresas que têm vagas para surdos, notícias sobre associações de surdos, tecnologias a serviço da população surda.

http://www.ges.ced.ufsc.br/

Organizado e mantido pelo Grupo de Estudos Surdos da Universidade Federal de Santa Catarina, esse *site*, além de muitas informações acerca dos surdos, traz publicações na área da Linguística e da Educação, bem como relaciona links interessantes para as comunidades surdas.

http://pt.wikipedia.org/wiki/P%C3%A1gina_principal

Site da Enciclopédia Livre Wikipédia, traz uma imensa quantidade de *links*, informações gerais, artigos sobre os mais variados assuntos, dicionários etc.

http://www.cnse.es/noticia.php?ID=817

Em espanhol, esse *site* traz informações interessantes sobre o Congresso Mundial de Pessoas Surdas, bem como sobre comunidades surdas, associações de surdos, eventos que estão ocorrendo em vários países etc. Também é possível encontrar sugestões de leituras e legislações sobre os Direitos Humanos.

www.wfdeaf.org

Importante *site* para obter informações sobre o que está sendo discutido e encaminhado no mundo acerca das pessoas surdas, da luta pelos direitos surdos, da diferença e da comunidade surda.

REFERÊNCIAS

ALVAREZ-URIA, Fernando; VARELLA, Júlia. A maquinaria escolar. *Teoria e Educação*, Porto Alegre, n. 6, 1992, p. 68-96.

BAUMAN, Zygmunt. Comunidade. Rio de Janeiro: Zahar, 2003.

BENVENUTO, Andréa. O surdo e o inaudito. À escuta de Michel Foucault. In: GONDRA, José; KOHAN, Walter (Orgs.). *Foucault 80 anos*. Belo Horizonte: Autêntica, 2006, p. 227-246.

BOTELHO, Paula. *Segredos e silêncios na educação de surdos*. Belo Horizonte: Autêntica, 1998.

BRITO, Lucinda Ferreira. *Integração social & educação de surdos*. Rio de Janeiro: Babel, 1993.

BURBULES, Nicholas. Uma gramática da diferença: algumas formas de repensar a diferença e a diversidade como tópicos educacionais. In: MOREIRA, Antonio Flávio Barbosa; GARCIA, Regina Leite (Orgs.). *Currículo na contemporaneidade: incertezas e desafios*. São Paulo: Cortez, 2003, p. 159-186.

CHIELLA, Vânia. *Marcas surdas: escola, família, associação, comunidade e universidade constituindo cultura e diferença surda*. Dissertação (Mestrado em Educação). Universidade do Vale do Rio dos Sinos. Centro de Educação/Programa de Pós-Graduação em Educação. São Leopoldo/PPGEDU, 2007.

CONDÉ, Mauro Lúcio Leitão. *As teias da razão: Wittgenstein e a crise da racionalidade moderna*. Belo Horizonte: Sciencia/UFMG, 2004.

DECLARAÇÃO MUNDIAL DE EDUCAÇÃO DE SURDOS. XV Congreso Mundial de Pessoas Surdas: Madri, julho de 2007. Disponível em: <http://www.cns.es/noticia-phd?ID817>. Acessado em: 10 out. 2007.

EAGLETON, Terry. *A idéia de cultura*. São Paulo: Unesp, 2005.

FERNANDEZ, Eulália (Org.). *Surdez e bilingüismo*. Porto Alegre: Mediação, 2005.

FOUCAULT, Michel. *Vigiar e punir. A história das violências nas prisões*. Petrópolis: Vozes, 1997.

GALLO, Sívio D. Cuidar de si e cuidar do outro: implicações éticas para a educação dos últimos escritos de Foucault. In: GONDRA, José; KOHAN, Walter (Orgs.). *Foucault 80 anos*. Belo Horizonte: Autêntica, 2006, p. 177-189.

GIORDANI, Liliane Ferrari. *Quero escrever o que está escrito nas ruas: representações culturais da escrita de jovens e adultos surdos*. Tese (Doutorado em Educação) Faculdade de Educação, Programa de Pós-Graduação em Educação, Universidade Federal do Rio Grande do Sul, Porto Alegre: FACED/PPGEDU, 2003.

GÓES, Maria Cecília R. Com quem as crianças surdas dialogam em sinais? In: LACERDA, Cristina Broglia Feitosa; GÓES, Maria Cecília R. (Org.). *Surdez: processos educativos e subjetividade*. São Paulo: Lovise, 2000, p. 29-50.

GÓES, Maria Cecília R. *Linguagem, surdez e educação*. Campinas: Autores Associados, 1996.

GUEDES, Betina da Silva. *Sobre surdos, bocas e mãos: saberes que constituem o currículo de fonoaudiologia*. Dissertação (Mestrado em Educação). Universidade do vale do Rio dos Sinos. Programa de Pós-Graduação em Educação. São Leopoldo/PPGEDU, 2010.

HALL, Stuart. The work of representation. In: HALL, Stuart (Org.). *Representation: cultural representations and signying proctires*. London/Thourand/ORTS/Um Delhi: Sage/Open University, 1997.

KANT, Emanuel. *Sobre a Pedagogia*. Piracicaba: UNIMEP, 2002.

KARNOPP, Lodenir Becker. Língua de Sinais na educação dos surdos. IN: THOMA, Adriana da Silva; LOPES, Maura Corcini (Orgs.). *A invenção da surdez: cultura, alteridade, identidade e diferença no campo da educação*. Santa Cruz do Sul: EDUNISC, 2004, p. 103-113.

KLEIN, Madalena. *A formação do surdo trabalhador: discursos sobre a surdez, a educação e o trabalho*. Porto Alegre: UFRGS/PPGEDU. Dissertação (Mestrado em Educação) – Programa de Pós-Graduação e Educação, Universidade Federal do Rio Grande do Sul, Porto Alegre, 1999.

LANE, Harlan. *A máscara da benevolência. A comunidade surda amordaçada*. Lisboa: Instituto Piaget, 1997.

LARROSA, Jorge. *Pedagogia profana*. Tradução de Alfredo Veiga-Neto. Belo Horizonte: Autêntica, 2005.

LEBEDEFF, Tatiana Bolivar. O que lembram os surdos e sua escola: discussão das marcas criadas pelo processo de escolarização. In: THOMA, Adriana da Silva; LOPES, Maura Corcini (Orgs.). *A invenção da surdez II: espaços e tempos de aprendizagem na educação de surdos*. Santa Cruz do Sul: EDUNISC, 2006, p. 47-61.

LOPES, Maura Corcini. Inclusão escolar: currículo, diferença e identidade. In: LOPES, Maura Corcini; DAL'IGNA, Maria Cláudia (Orgs.). *In/Exclusão nas tramas da escola*. Canoas: ULBRA, 2007, p. 11-34.

LOPES, Maura Corcini. O direito de aprender na escola de surdos. In: THOMA, Adriana da Silva; LOPES, Maura Corcini (Orgs.). *A invenção da surdez II: espaços e tempos de aprendizagem na educação de surdos*. Santa Cruz do Sul: EDUNISC, 2006, p. 27-46.

LOPES, Maura Corcini. A natureza educável do surdo: a normalização surda no espaço da escola de surdos. In: THOMA, Adriana da Silva; LOPES, Maura Corcini (Orgs.). *A invenção da surdez: cultura, alteridade, identidade e diferença no campo da educação*. Santa Cruz do Sul: EDUNISC, 2004, p. 33-54.

LOPES, Maura Corcini. *Foto e grafias: possibilidades de leitura dos surdos e da surdez na escola de surdos*. Tese (Doutorado em Educação) Faculdade de Educação, Programa de Pós-Graduação em Educação, Universidade Federal do Rio Grande do Sul, Porto Alegre: FACED/PPGEDU, 2002.

LOPES, Maura Corcini; VEIGA-NETO, Alfredo. Marcadores culturais surdos: quando eles se constituem no espaço escolar. *Perspectiva*, v. 24, n. especial, jul./dez., Florianópolis: UFSC, 2006, p. 81-100.

LOPES, Maura Corcini. VEIGA-NETO, Alfredo. Marcadores culturais surdos. In: VIEIRA-MACHADO, Lucyenne Matos da Costa. LOPES, Maura Corcini. (org). *Educação de surdos: políticas, língua de sinais, comunidade e cultura surda*. Santa Cruz do sul: EDUNISC, 2010. p.116-137.

LULKIN, Sergio. *O silêncio disciplinado. A invenção dos surdos a partir de representações ouvintes*. Dissertação (Mestrado em Educação) Faculdade de Educação, Programa de Pós-Graduação em Educação, Universidade Federal do Rio Grande do Sul, Porto Alegre: FACED/PPGEDU, 2000.

LUNARDI, Márcia Lise. *A produção da anormalidade nos discursos da educação especial.* Tese (Doutorado em Educação) Faculdade de Educação, Programa de Pós-Graduação em Educação, Universidade Federal do Rio Grande do Sul, Porto Alegre: FACED/PPGEDU, 2003.

MELLO, Vanessa Scheid Santanna. *A constituição da comunidade surda no espaço da escola: fronteiras nas formas de ser surdo.* Dissertação (Mestrado em Educação). Universidade do vale do Rio dos Sinos. Programa de Pós-Graduação em Educação. São Leopoldo/PPGEDU, 2011.

MOTTEZ, Bernard. *Les sourds existent-ils?* Tradução de Andrea Benvenuto. Paris: L'Haemattan, 2006.

PERLIN, Gládis. O lugar da cultura surda. In: THOMA, Adriana da Silva; LOPES, Maura Corcini (Orgs.). *A invenção da surdez: cultura, alteridade, identidade e diferença no campo da educação.* Santa Cruz do Sul: EDUNISC, 2004, p. 73-82.

QUADROS, Ronice Muller de. O "bi" em bilingüismo na educação de surdos. In: FERNANDES, Eulália (Org.). *Surdez e bilingüismo.* Porto Alegre: Mediação, 2005, p. 26-36.

RAMPELOTTO, Elisane. *Processo e produto na educação de surdos.* Dissertação (Mestrado em Educação) Centro de Educação, Programa de Pós-Graduação em Educação, Universidade Federal de Santa Maria, Santa Maria: PPGEDU, 1993.

SCHUCK, Maricela. *A educação dos surdos no RS: currículos de formação de professores de surdos.* Dissertação (Mestrado em Educação). Universidade do vale do Rio dos Sinos. Programa de Pós-Graduação em Educação. São Leopoldo/PPGEDU, 2011.

SILVEIRA, Patrícia Bortoncello; LOPES, Maura Corcini. Currículo, não-aprendizagem e (in)disciplina na escola moderna. In: V Congresso Internacional de Educação. Universidade do Vale do Rio dos Sinos/UNISINOS: Programa de Pós-Graduação em Educação, São Leopoldo, 2007.

SILVA, Tomaz Tadeu da. *O currículo como fetiche.* A poética e a política do texto curricular. Belo Horizonte: Autêntica, 1999.

SKLIAR, Carlos. Apresentação. In: THOMA, Adriana da Silva; LOPES, Maura Corcini (Orgs.). *A invenção da surdez: cultura, alteridade, identidade e diferença no campo da educação.* Santa Cruz do Sul: EDUNISC, 2004, p. 7-14.

SKLIAR, Carlos. Os estudos surdos em educação: problematizando a normalidade. In: SKLIAR, Carlos (Org.). *A surdez: um olhar sobre as diferenças.* Porto Alegre: Mediação, 2001, p. 7-32.

SKLIAR, Carlos; LUNARDI, Márcia Lise. Estudos surdos e estudos culturais em educação: um debate entre professores ouvintes e surdos sobre o currículo escolar. In: LACERDA, Cristina Broglia F.; GÓES, Maria Cecília R. (Orgs.). *Surdez: processos educativos e subjetividade*. São Paulo: Lovise, 2000, p. 11-22.

SKLIAR, Carlos. A invenção e a exclusão da alteridade "deficiente" a partir dos significados da normalidade. *Educação e Realidade*, Porto Alegre, v.24, n. 2, jul./dez., 1999, p. 15-32.

SKLIAR, Carlos. A reestruturação curricular e as políticas educacionais para as diferenças: o caso dos surdos. In: SILVA, Luiz Heron da; AZEVEDO, José Clóvis de; SANTOS, Edmilson Santos dos (Orgs.). *Identidade social e a reconstrução do conhecimento*. Porto Alegre: Secretaria Municipal de Porto Alegre, 1997a, p. 242-281.

SKLIAR, Carlos. *La educación de los sordos. Una reconstrucción histórica, cognitiva y pedagógica*. Mendoza: EDINC, 1997b.

SOUZA, Regina Maria de. *Que palavra que te falta? Lingüística, Educação e surdez*. São Paulo: Martins Fontes, 1998.

STOKOE, William. *Sign and culture: a reader for students of American Sign Language*. Maryland: Linstok Press, 1980.

TÉLLEZ, Magaldy. A paradoxal comunidade por-vir. In: SKLIAR, Carlos; LARROSA, Jorge (Orgs.). *Habitantes de Babel. Políticas e poéticas da diferença*. Belo Horizonte: Autêntica, 2001, p. 45-78.

THOMA, Adriana da Silva. *O jogo da flutuação das representações e dos discursos dos textos cinematográficos e dos textos surdos: que drama se desenrola neste filme: depende da perspectiva*. Tese (Doutorado em Educação) Faculdade de Educação, Programa de Pós-Graduação em Educação, Universidade Federal do Rio Grande do Sul, Porto Alegre: FACED/PPGEDU, 2002.

VARELA, Julia. O estatuto do saber pedagógico. In: SILVA, Tomaz Tadeu da (Org.). *O sujeito da educação: estudos foucaultianos*. 2. ed. Petrópolis: Vozes, 1995, p. 87-96.

VARELA, Julia. Categorias espaço-temporais e socialização escolar: do individualismo ao narcisismo. In: COSTA, Marisa Vorraber (Org.). *Escola básica na virada do século: cultura, política e currículo*. São Paulo: Cortez, 1996, p. 37-56.

VEIGA-NETO, Alfredo. Dominação, violência, poder e educação escolar em tempos de Império. In: RAGO, Margareth; VEIGA-NETO, Alfredo (Orgs.). *Figuras de Foucault*. Belo Horizonte: Autêntica, 2006, p. 13-38.

VEIGA-NETO, Alfredo; LOPES, Maura Corcini. Identidade, cultura e semelhanças de família: as contribuições da virada lingüística. In: BIZARRO, Rosa (Org.). *Eu e o outro*. Porto: Universidade do Porto, 2007. No prelo.

VILELA, Eugénia. Resistência e acontecimento. As palavras sem centro. In: GONDRA, José; KOHAN, Walter (Orgs.). *Foucault 80 anos*. Belo Horizonte: Autêntica, 2006, p.107-128.

WITTGENSTEIN, Ludwig. *Investigações filosóficas*. (Coleção Os Pensadores). São Paulo: Abril Cultural e Industrial, 1979.

WRIGLEY, Owen. *The politics of deafness*. Washington: Gallaudet University Press, 1996.

A AUTORA

Maura Corcini Lopes é professora do Programa de Pós-Graduação em Educação (PPGEdu) – Linha de Pesquisa Currículo, Cultura e Sociedade – e do curso de Pedagogia da Universidade do Vale do Rio dos Sinos (UNISINOS). É também coordenadora do Grupo Interinstitucional de Pesquisa em Educação de Surdos (GIPES/CNPQ) e do Grupo de Estudos e Pesquisa em Inclusão (GEPI/UNISINOS).

Graduou-se em Educação Especial pela Universidade Federal de Santa Maria (UFSM), é mestre em Educação pela Universidade Federal do Rio Grande do Sul (UFRGS) e doutora em Educação pela mesma universidade. Ainda no doutorado e até o ano de 2005 integrou o Núcleo de Pesquisa em Políticas Educacionais para Surdos (NUPPES/UFRGS). A participação no NUPPES permitiu-lhe o desenvolvimento de projetos de pesquisa e de extensão que objetivavam, além de uma maior integração entre a comunidade surda e a universidade, o desenvolvimento de pesquisas que permitiram a ampliação, no âmbito acadêmico, das discussões em torno da educação de surdos na perspectiva dos Estudos Surdos e dos Estudos Culturais. Atualmente, como integrante do Programa de Pós-Graduação em Educação da UNISINOS, tem se dedicado à realização de pesquisas no campo dos Estudos de Currículo. Dentro desse campo, suas investigações articulam os estudos da diferença, da educação de surdos e da inclusão escolar.

Atualmente, como cordenadora do GIPES e com financiamento do CNPq, desenvolve uma investigação que tem por objetivo principal conhecer, analisar e problematizar a situação educacional dos alunos surdos nas escolas públicas no Estado do Rio Grande do Sul.

Entre suas produções mais recentes, destacam-se vários artigos científicos publicados em livros e periódicos especializados, bem como a organização dos seguintes livros:

LOPES, Maura Corcini; DAL'IGNA, Maria Cláudia. In/exclusão nas tramas da escola. Canoas: ULBRA, 2007.

LOPES, Maura Corcini. FABRIS, Eli Henn. (Org). *Aprendizagem & inclusão: implicações curriculares*. Santa Cruz do Sul: EDUNISC, 2010.

LOPES, Maura Corcini. HATTGE, Morgana Domênica. (Org). *Inclusão escolar: conjunto de práticas que governam*. Belo Horizonte: Autêntica, 2009.

THOMA, Adriana da Silva; LOPES, Maura Corcini. *A invenção da surdez: cultura, alteridade, identidade e diferença no campo da educação*. Santa Cruz do Sul: EDUNISC, 2004.

THOMA, Adriana da Silva; LOPES, Maura Corcini. *A invenção da surdez II: espaços e tempos de aprendizagem na educação de surdos*. Santa Cruz do Sul: EDUNISC, 2006.

VIEIRA-MACHADO, Lucyenne Matos da Costa. LOPES, Maura Corcini. (Org). *Educação de surdos: políticas, língua de sinais, comunidade e cultura surda*. Santa Cruz do Sul: EDUNISC, 2010.

Qualquer livro do nosso catálogo não encontrado nas livrarias pode ser pedido por carta, telefone ou pela internet.

✉ Rua Aimorés, 981, 8º andar – Funcionários
Belo Horizonte-MG – CEP 30140-071

📱 Tel: (31) 3222 6819
Fax: (31) 3224 6087
Televendas (gratuito): 0800 2831322

@ vendas@autenticaeditora.com.br
www.autenticaeditora.com.br

Este livro foi composto com tipografia Garamond light e impresso em papel Off set 75 g na Formato Artes Gráficas.
